CORPORATE GOVERNANCE

PEDRO CAETANO NUNES

JUIZ DE DIREITO
ASSISTENTE CONVIDADO DA FACULDADE DE DIREITO
DA UNIVERSIDADE NOVA DE LISBOA

CORPORATE GOVERNANCE

CORPORATE GOVERNANCE

AUTOR
PEDRO CAETANO NUNES

EDITOR
EDIÇÕES ALMEDINA, SA
Rua da Estrela, n.º 6
3000-161 Coimbra
Tel.: 239 851 904
Fax: 239 851 901
www.almedina.net
editora@almedina.net

PRÉ-IMPRESSÃO • IMPRESSÃO • ACABAMENTO
G.C. – GRÁFICA DE COIMBRA, LDA.
Palheira – Assafarge
3001-453 Coimbra
producao@graficadecoimbra.pt

Março, 2006

DEPÓSITO LEGAL
241143/06

Os dados e as opiniões inseridos na presente publicação
são da exclusiva responsabilidade do(s) seu(s) autor(es).

Toda a reprodução desta obra, por fotocópia ou outro qualquer processo,
sem prévia autorização escrita do Editor,
é ilícita e passível de procedimento judicial contra o infractor.

APRESENTAÇÃO

As últimas décadas têm assistido a um movimento de influência dos ordenamentos jurídicos de matriz romano-germânica pela cultura jurídico-societária norte-americana. Tal influência tem conduzido a uma tendência de osmose jurídica em matéria de governo das sociedades.

O tema dos deveres dos administradores destaca-se, não apenas pela sua importância prática, mas igualmente pela sua complexidade dogmática.

Klaus Hopt, académico germânico com uma obra de referência em matéria de governo das sociedades, identifica três áreas de desenvolvimento jurídico – o dever de gestão e a *business judgment rule*; o dever de lealdade e as suas concretizações; as fusões e as aquisições.

O dever de protecção dos accionistas em fusões e aquisições (operações de controlo da sociedade) foi objecto da nossa monografia *Responsabilidade civil dos administradores perante os accionistas*, publicada pela Almedina em 2001.

O dever de gestão e a *business judgment rule* são analisados no primeiro dos escritos que ora se publicam. Trata-se de uma sentença, proferida em Outubro de 2003, enquanto juiz de direito da 3.ª Vara Cível de Lisboa. Embora se trate de uma decisão judicial, contém considerável informação sobre os ordenamentos jurídicos norte-americano, alemão e italiano, discutindo soluções alternativas para a consagração dos critérios da *business judgment rule* na ordem jurídica nacional.

O dever de lealdade e as suas concretizações são abordados no segundo dos escritos que ora se publicam. Trata-se de um relatório, referente ao seminário de Direito Privado Comparado, do 5.º Curso de Doutoramento da Faculdade de Direito da Universidade Nova de Lisboa, finalizado em Setembro de 2004. O dever de lealdade surge nas situações de conflito de interesses entre o administrador e a sociedade, nomeadamente em matéria de remuneração dos administradores, de negócios com a sociedade, de utilização de informação privilegiada (*insider trading*), de apropriação de oportunidades de negócio societárias (*corporate opportunities*) e de exercício de actividade concorrente. Neste estudo optou-se por desenvolver estes dois últimos aspectos, por se considerar particularmente urgente a divulgação da *corporate opportunities doctrine* (*Geschäftschancenlehre*) no espaço jurídico-cultural português.

Não posso deixar de consignar publicamente o meu profundo agradecimento à Professora Doutora Maria Helena Brito e ao Professor Doutor Rui Pinto Duarte, pela sua inestimável ajuda e orientação na elaboração deste último estudo.

I
SENTENÇA DA 3.ª VARA CÍVEL DE LISBOA DE 27.10.2003 – DEVER DE GESTÃO E *BUSINESS JUDGMENT RULE*

SENTENÇA

SUMÁRIO

I. *O administrador tem um dever de gestão. O conteúdo deste dever é concretizado pelo interesse social, pelas* leges artis *da gestão de empresas e pelo critério de diligência de um gestor criterioso e ordenado.*

II. *O dever de gestão compreende (nomeadamente) o dever de obtenção de informação no* iter *decisional e o dever de não tomar decisões irracionais. O dever de gestão não compreende o dever de tomar decisões adequadas. Esta concepção constitui uma limitação da sindicabilidade do mérito das decisões empresariais (com correspondência na* business judgment rule*).*

III. *A sociedade (ou o sócio, em substituição processual) tem o ónus de prova indiciária sobre a acção (ou omissão) violadora de um dever, sobre os danos e sobre o nexo de causalidade. O administrador tem o ónus de prova de inexistência de ilicitude, de inexistência de culpa e de que os danos teriam ocorrido face ao comportamento lícito alternativo.*

RELATÓRIO

Comptris – Companhia Portuguesa de Capital de Risco, S.A. intentou a presente acção declarativa de condenação, sob a forma ordinária, contra José Gonçalo Ferreira de Areia, Carlos Alberto Ferreira Henriques, Carlos Alberto Gonçalves Veloso, Radiotelevisão Portuguesa, S.A. e TV Guia – Sociedade Editora de Publicações, Lda..

Pediu a condenação do primeiro e quarta réus no pagamento à sociedade "Multidifusão – Meios e Tecnologias de Comunicação, S.A." da quantia de 16.798.200$00, acrescida de juros moratórios, à taxa legal, desde a citação.

Pediu a condenação do segundo, terceiro, quarta e quinta réus no pagamento à sociedade "Multidifusão – Meios e Tecnologias de Comunicação, S.A." da quantia de 60.197.767$00, acrescida de juros moratórios, à taxa legal, desde a citação.

Para tanto, invocou, fundamentalmente e em síntese, o seguinte: os réus são administradores da sociedade "Multidifusão – Meios e Tecnologias de Comunicação, S.A."; os réus violaram os seus deveres para com esta sociedade, produzindo danos.

Os réus apresentaram contestação.

A autora apresentou réplica, tendo realizado uma ampliação do pedido em 20.000.000$00.

Os réus apresentaram tréplica.

Ao abrigo do disposto no art. 77.º/4 CSC, foi determinada a intervenção principal de Multidifusão – Meios e Tecnologias de Comunicação, S.A..

Foi proferido despacho saneador.

Foi realizada a audiência final.

As partes produziram alegações de direito.

*

A instância mantêm-se regular.

*

QUESTÕES A APRECIAR

Importa verificar se se encontram preenchidos todos os requisitos da responsabilidade civil dos administradores perante a sociedade.

*

FUNDAMENTAÇÃO DE FACTO

Encontram-se definitivamente assentes os seguintes factos relevantes para a discussão da causa:

1. Por escritura pública celebrada em 27.02.1992, em que foram intervenientes a Autora e a quarta Ré, foi constituída a Sociedade "Multidifusão – Meios e Tecnologias de Comunicação, S.A.", conforme certidões juntas aos autos de fls. 80 a 92 e de fls. 943 a 953, as quais se dão aqui por integralmente reproduzidas. (alínea A da especificação)

2. A Autora detém 49% do capital social desta Sociedade. (alínea B da especificação)

3. A quarta Ré detém 51% do capital desta Sociedade. (alínea C da especificação)

4. O primeiro Réu foi Presidente do Conselho de Administração da Multidifusão, cargo que exerceu em nome próprio, por nomeação da RTP, entre 12.04.1996 e 18.04.1997. (alínea D da especificação)

5. O segundo Réu é membro do Conselho de Administração da Multidifusão e exerce o cargo, em nome próprio por nomeação da TV Guia, a qual foi designada Administradora, da mesma Sociedade, pela accionista RTP. (alínea E da especificação)

6. O terceiro Réu, por sua vez, foi Presidente do Conselho de Administração da Multidifusão até Dezembro de 1998, tendo exercido o cargo, em nome próprio, por nomeação da RTP, desde 18.04.1997. (alínea F da especificação)

7. A quarta Ré foi designada Administradora desta Sociedade, tendo nomeado sucessivamente o primeiro e terceiro Réus para exercer o cargo. (alínea G da especificação)

8. A quinta Ré foi eleita Administradora da referida Sociedade, tendo nomeado o segundo Réu para exercer o cargo. (alínea H da especificação)

9. A Sociedade Multidifusão tem por objecto social a implementação e/ou exploração de tecnologias de comunicação, transmissão e difusão de dados, bem como a prestação de serviços conexos. (alínea I da especificação)

10. A Multidifusão desenvolveu para o jornal "O Público" o projecto "Jornal Electrónico", jornal difundido por meios electrónicos. (alínea J da especificação)

11. O projecto do "Público Electrónico" foi desenvolvido conjuntamente com o jornal "O Público", ao longo de vários meses. (resposta ao quesito 1.º)

12. O projecto do "Público electrónico" previa, como um dos cenários possíveis, uma facturação de Esc. 90.338.000$00 ao longo de quatro anos e um resultado líquido de Esc. 27.997.000$00 para o mesmo período. (resposta ao quesito 2.º)

13. Este projecto veio a ser abandonado ainda no ano de 1996. (alínea L da especificação)

14. O jornal "O Público" está hoje diária e gratuitamente disponível na Internet. (alínea S da especificação)

15. De entre os serviços, desde logo, prestados pela Multidifusão, salienta-se o "Telebolsa", um sistema que permite a difusão das cotações da Bolsa de Valores de Lisboa em tempo real. (alínea M da especificação)

16. O qual foi contratado, com a Associação da Bolsa de Valores de Lisboa, em Julho de 1992 e renegociado em 27 de Fevereiro de 1995. (alínea N da especificação)

17. Dá-se aqui por integralmente reproduzido o teor do acordo escrito, junto aos autos de fls. 93 a 96, celebrado entre a Associação da Bolsa de Valores de Lisboa e a Multidifusão, relativo ao serviço "Telebolsa". (alínea AB da especificação)

18. A Multidifusão encetou negociações com a Bolsa de Valores de Lisboa com vista ao desenvolvimento do projecto "Infobolsa". (alínea O da especificação)

19. A "Infobolsa" é um sistema informativo que, para além de conter informação já difundida no sistema "Telebolsa", lhe acrescentava outro tipo de informações, nomeadamente relativas aos mercados de capitais internacionais. (alínea P da especificação)

20. Em 1997, a Multidifusão adquiriu um novo codificador. (alínea Q da especificação)

21. Este codificador destinava-se a permitir avançar com o projecto "Infobolsa". (resposta ao quesito 12.º)

22. Ao longo do ano de 1997, a Multidifusão realizou todos os investimentos necessários para a adjudicação do projecto Infobolsa. (resposta ao quesito 16.º)

23. Relativamente à "Infobolsa" a Multidifusão não teria de fazer quaisquer investimentos. (resposta ao quesito 8.º)

24. Não implicando a celebração de tal contrato pela Multidifusão encargo algum adicional. (resposta ao quesito 10.º)

25. O projecto Infobolsa, num dos cenários possíveis, representaria para a Multidifusão, ao longo dos anos de 1998 a 2000, uma margem líquida de cerca de Esc. 47.400.000$00. (resposta ao quesito 17.º)

26. Dá-se aqui por integralmente reproduzido o teor da Acta n.º 45 do Conselho de Administração da Sociedade Multidifusão, junta aos autos de fls. 106 a 112, realizada em 13.02.1998, na qual o terceiro Réu, Carlos Veloso, produziu as seguintes declarações: "Aberta a sessão, o Presidente expressou a sua opinião de que, face à gravíssima situação financeira da Sociedade, para a qual vem chamando a atenção dos accionistas, desde há quase um ano e, desenhando-se como inadiável uma decisão destes accionistas de, em alternativa, fazerem investimentos vultuosos na empresa, por forma a procuraram viabilizá-la, ou lhe porem termo, dissolvendo-a, sendo que a primeira alternativa parece ser excluída pelo accionista maioritário, RTP – Radiotelevisão Portuguesa, considera o Presidente do Conselho ser contrário do interesse da Sociedade que esta assuma novos compromissos comerciais ou alargue o âmbito dos existentes, quando se desenha como muito próxima e nítida a impossibilidade de vir a cumprir integralmente tais compromissos. Nestas condições, prosseguir na senda do alargamento do leque de responsabilidades da empresa, através da assunção de novas obrigações perante fornecedores ou clientes, seria uma atitude temerária, em tudo contrária ao dever de gestão criteriosa, digo, diligente e criteriosa que, por lei, impende sobre os administradores das sociedades comerciais. Declarou, ainda, o Presidente do Conselho de Administração, que, perante os constrangimentos financeiros com que a Sociedade se debate e a já declarada indisponibilidade manifestada pelo accionista RTP para injectar novos capitais na Sociedade, quer sob a

forma de suprimentos, quer sob a forma de subscrição de aumentos de capital social, com fundamento no que o mesmo accionista considera ser a demonstração irrefutável, que foi feita ao longo de 1997, sobre a inviabilidade da empresa, considera o Presidente do Conselho de Administração que a única atitude prudente, racional, e conforme ao interesse da Sociedade, será a de suspender ou mesmo declinar pura e simplesmente a celebração de novos contratos com terceiros, salvo se se tratar de contratos de muito pequeno significado, como seja, por exemplo, o de se permitir a renovação do contrato de trabalho a termo certo de um empregado da Sociedade. Isto, até que os accionistas tomem de uma forma clara e definitiva uma resolução sobre o futuro da Sociedade.". (alínea R da especificação)

27. Esta decisão determinou o abandono do projecto "Infobolsa". (resposta ao quesito 15.º)

28. Dá-se aqui por integralmente reproduzido o teor do plano estratégico para o triénio de 1997/1999 e o plano operacional para 1997, juntos aos autos de fls. 143 a 160. (alínea V da especificação)

29. Dá-se aqui por integralmente reproduzido o teor do relatório de auditoria de negócio elaborado, em 1996, pela Ernst & Young, junto aos autos de fls. 466 a 494. (alínea X da especificação)

30. Dá-se aqui por integralmente reproduzido o teor do relatório de auditoria de negócios elaborado em 1998, pela Ernst & Young, junto aos autos de fls. 501 a 567. (alínea Z da especificação)

31. Dá-se aqui por integralmente reproduzido o teor dos relatórios elaborados pelo Presidente do Conselho de Administração da Multidifusão, juntos aos autos de fls. 568 a 639. (alínea AA da especificação)

32. A transmissão de informação por VBI concorre com a transmissão de informação por RDIS e Internet, sendo que a transmissão por VBI não é interactiva. (resposta ao quesito 18.º)

33. A prestação de serviço só se torna rentável para a Multidifusão se operar com um número elevado de postos de recepção de informação. (resposta ao quesito 20.º)

34. As vendas apresentaram tendência de crescimento entre 1994 e 1996, estagnando em 1997; porém, se corrigirmos os valores históricos pelas vendas associadas ao audiotexto (registadas pelo

mesmo valor em proveitos e custos na empresa), sobre os quais a Multidifusão recebia unicamente um *fee* de 3%, concluímos que as vendas em 1995 foram inferiores a 1994 e que o aumento em 1996 relativamente a 1995 foi inferior ao verificado. (resposta ao quesito 23.º)

35. Os resultados operacionais apresentaram-se sempre negativos, agravando-se de ('000) Esc. 7.500 em 1994 para ('000) Esc. 42.500 em 1997. (resposta ao quesito 24.º)

36. O aumento do passivo bancário contribuiu para o aumento dos prejuízos financeiros de ('000) Esc. 1.000 para ('000) Esc. 7.300. (resposta ao quesito 25.º)

37. Os prejuízos finais aumentaram ininterruptamente desde 1995, ascendendo em 1997 a ('000) Esc. 49.725. (resposta ao quesito 26.º)

38. Os meios libertos brutos são negativos desde 1995. (resposta ao quesito 27.º)

39. Não existe autofinanciamento desde 1995. (resposta ao quesito 28.º)

40. O património líquido (medido contabilisticamente pelos capitais próprios) apresenta-se negativo desde 1996, sendo de ('000) Esc. 59.752 (valor negativo) no final de 1997. (resposta ao quesito 29.º)

41. Os prejuízos acumulados no final de 1996 eram de ('000) Esc. 60.034. (resposta ao quesito 30.º)

42. A rentabilidade operacional foi sempre negativa e inferior ao custo médio ponderado do capital estimado, traduzindo-se na degradação de valor para os detentores de capital, em face de outras aplicações alternativas para o capital investido, sendo que, em termos acumulados, o valor económico degradado ascende a ('000) Esc. 132.239 a preços de 1997. (resposta ao quesito 31.º)

43. Mesmo com a implementação do projecto "Infobolsa", era de prever a manutenção de capitais próprios negativos ao longo de três anos (1998, 1999 e 2000) e o aumento do passivo bancário. (resposta ao quesito 32.º)

44. Em face da situação económico financeira da empresa, era de prever como difícil a obtenção de empréstimos bancários adicio-

nais, a menos que os accionistas se substituíssem à empresa na concessão de garantias. (resposta ao quesito 33.º)

45. Dois dos principais cliente do negócio de transmissão de dados através do VBI, a Bonança e a Caixa Geral de Depósitos, fizeram cessar os seus contratos respectivamente em Outubro de 1997 e Março de 1998. (resposta ao quesito 35.º)

46. Dá-se aqui por integralmente reproduzido o teor da decisão arbitral, cuja cópia foi junta de fls. 1039 a 1143. (alínea T da especificação)

47. Dá-se aqui por integralmente reproduzido o teor do recibo emitido pela Autora a favor da quarta Ré, no valor de trinta e cinco milhões e duzentos e dezasseis escudos, cuja cópia foi junta aos autos a fls. 1144. (alínea U da especificação)

*

FUNDAMENTAÇÃO DE DIREITO

Dever de gestão e (in)sindicabilidade do mérito das decisões empresariais?

A responsabilidade do administrador perante a sociedade é uma responsabilidade obrigacional, por violação de deveres impostos por lei, nos estatutos, por deliberações sociais e em contratos de administração – art. 72.º/1 CSC.

A questão central reside na identificação dos deveres do administrador.

É pacífica a existência de deveres de conteúdo específico ou atomístico[1], tais como o dever de não distribuir bens aos sócios

---

[1] É comum a utilização da expressão "deveres de conteúdo especifico", por oposição aos "deveres gerais" dos administradores. Trata-se de uma classificação que não colide com a distinção entre deveres específicos (obrigacionais) e deveres genéricos (delituais). Reitera-se, estamos exclusivamente no âmbito de uma responsabilidade obrigacional, isto é, pela violação de deveres específicos. *Vide* Cordeiro, António Menezes, *Da responsabilidade civil dos administradores das sociedades comerciais*, Lisboa, 1997, pp. 488-494.

(art. 31.º/2 CSC), o dever de relatar a gestão e apresentar contas (arts. 65.º e 66.º CSC), o dever de celebrar escritura pública de alteração (art. 85.º/4 CSC), o dever de estar presente nas assembleias gerais (art. 379.º/4 CSC) e o dever de prestar caução (art. 396.º CSC).

Existe alguma controvérsia quanto à existência de um dever de gestão (de administração ou de diligência).

Existe igualmente alguma controvérsia quanto à (in)sindicabilidade do mérito das decisões empresariais.

A análise destas duas questões força-nos a realizar uma exposição algo teórica. Em primeiro lugar, faremos uma exposição do estado da doutrina e jurisprudência portuguesas na matéria. De seguida, faremos uma referência a alguns direitos estrangeiros. O norte-americano, por ser extremamente desenvolvido nesta área e por se assistir a um movimento de influência dos direitos de raiz romano-germânica. O alemão e o italiano, por serem os direitos de raiz romano-germânica mais relevantes. Por último, será exposto o nosso entendimento sobre estas questões. Só posteriormente será analisado o caso concreto.

*

Doutrina e jurisprudência nacionais

No que respeita à doutrina nacional, Raul Ventura e Brito Correia defendem a existência de um "dever de gestão", que resulta das normas que "põem a cargo do administrador a administração e representação da sociedade". Referem que, na determinação do conteúdo das suas obrigações, o administrador tem de recorrer à noção de diligência e à noção de interesse social. A diligência é concebida como uma bitola de concretização da ilicitude. Referem que "os deveres do administrador têm sempre se ser entendidos (...) de modo que não o impeçam de correr os riscos normais da empresa, inerentes à sua função"[2].

---

[2] *Vide* Ventura, Raul, e Correia, Luís Brito, "Responsabilidade civil dos administradores de sociedades anónimas e dos gerentes de sociedades por quotas", *Boletim do Ministério da Justiça*, n.º 192, pp. 58-112, *maxime* p. 112.

Brito Correia, num estudo posterior, defende a existência de um "dever de diligência", fundado no art. 64.º CSC. Refere que a diligência deve ser aplicada no sentido do interesse social[3].

Ilídio Duarte Rodrigues defende a existência de um dever de administrar. Considera que é uma "obrigação de conteúdo indefinido, não especificado, o qual deve ser sucessivamente determinado, atentas as circunstâncias do caso, segundo os critérios do administrador, em função de duas noções: a de diligência e a de interesse da sociedade". Daí que utilize as expressões "dever de administrar com diligência" e "dever de diligência". Relativamente à responsabilidade por erros de gestão, faz referência a "critérios discricionários" e a "riscos normais da empresa", considerando que só existe responsabilidade em caso de incumprimento do dever de diligência. Defende a existência de um dever de vigilância[4].

Antunes Varela considera que a bitola de diligência consagrada no art. 64.º CSC respeita exclusivamente à culpa[5].

Nogueira Serens refere apenas que os concretos deveres dos administradores devem ser reconduzidos ao art. 64.º CSC[6].

Menezes Cordeiro nega a existência de responsabilidade civil por erros de gestão, salvo o caso limite do erro grosseiro, relativamente ao qual "será sempre possível construir uma norma com recurso, em última instância, ao princípio da boa fé". Considera que o art. 64.º CSC é uma parcela de norma, não sendo só por si fonte de obrigações de indemnizar. Tudo aponta para que rejeite a exis-

---

[3] *Vide* Correia, Luís Brito, *Os administradores de sociedades anónimas*, Coimbra, 1993, pp. 596-620.

[4] *Vide* Rodrigues, Ilídio Duarte, *A administração das sociedades por quotas e anónimas – organização e estatuto dos administradores*, Lisboa, 1990, pp. 172-180 e 208-218.

[5] *Vide* Varela, João de Matos Antunes, "Anotação ao Acórdão de 31 de Março de 1993 do Tribunal Arbitral", *Revista de Legislação e Jurisprudência*, 126.º ano, 1993-1994, p. 315.

[6] *Vide* Serens, M. Nogueira, *Notas sobre a sociedade anónima*, Coimbra, 1997, pp. 92-99.

tência de um dever de gestão, por considerar que tal dever não tem consagração legal[7].

Pereira de Almeida defende que a responsabilidade decorre da violação de obrigações funcionais e que, com a progressiva profissionalização da gestão, os administradores deverão poder ser responsabilizados por faltas graves de gestão[8].

João Soares da Silva defende a existência de um dever geral de diligência, considerando que o art. 64.º CSC contém "também uma fonte autónoma de determinação da conduta devida". Faz uma referência especial à experiência norte-americana e à *business judgment rule*. Refere que "o cumprimento do dever de diligência, nas decisões empresariais, se transforma na necessidade de observância de um processo (de informação, de ausência de conflito de interesses, de boa fé), mais do que num juízo sobre a decisão em si". Refere ainda que o princípio da insindicabilidade do mérito das decisões de gestão por parte dos tribunais é geralmente admitido na nossa ordem jurídica[9].

Pedro Maia defende a existência de um dever de administrar (e do inerente poder de inspecção e de informação sobre a actividade geral da sociedade). Entende que, em caso de delegação própria, é retirado o dever de administrar, subsistindo um dever de vigilância sobre a actuação geral dos administradores delegados[10].

Maria Elisabete Gomes Ramos defende a existência de um dever de administrar, "de carácter genérico e indeterminado (...), que se desenvolve com uma larga margem de discricionariedade". Defende igualmente a existência de um dever de actuar com a dili-

---

[7] *Vide* Cordeiro, António Menezes, *Da responsabilidade civil dos administradores das sociedades comerciais*, Lisboa, 1997, pp. 40, n. 21, 496-497 e 522-523. *Vide* igualmente Cordeiro, António Menezes, *Manual de direito comercial*, II, Coimbra, 2001, pp. 321-323.

[8] *Vide* Almeida, António Pereira de, *Sociedades comerciais*, Coimbra, 1997, pp. 111-116.

[9] *Vide* Silva, João Soares da, "Responsabilidade civil dos administradores de sociedades: os deveres gerais e os princípios da *corporate governance*", *Revista da Ordem dos Advogados*, 1997, pp. 605-628.

[10] *Vide* Maia, Pedro, *Função e funcionamento do conselho de administração da sociedade anónima*, Coimbra, 2002, pp. 247-281.

gência de um gestor criterioso e ordenado, que "irá constituir parâmetro de aferição do cumprimento de deveres singulares, podendo determinar condutas não directamente especificadas na lei ou no contrato de sociedade". Considera que sobre o administrador impende uma obrigação de meios, sendo que os maus resultados apresentados pela empresa são indícios de uma conduta negligente do administrador. Distingue risco da empresa de risco de uma gestão negligente. Considera que a imperícia não constitui uma "causa de justificação do incumprimento", podendo "constituir fonte de responsabilidade dos administradores". Refere que a doutrina italiana defende uma insindicabilidade das opções de gestão[11].

*

No que respeita à jurisprudência portuguesa publicada sobre a responsabilidade do administrador perante a sociedade (que conhecemos), existem decisões que admitem que o art. 64.º CSC consagra um dever de diligência (consagração autónoma de um ilícito)[12]. Existem arestos que reconhecem a existência de um dever de vigilância[13].

Existem decisões que abordam a matéria da responsabilidade do administrador perante a sociedade, sem contudo fornecerem um contributo útil para os dois temas que analisamos[14].

---

[11] Vide Ramos, Maria Elisabete Gomes, *Responsabilidade civil dos administradores e directores de sociedades anónimas perante os credores sociais*, Coimbra, 2002, pp. 65-99. Vide ainda Ramos, Maria Elisabete Gomes, "Aspectos substantivos da responsabilidade civil dos membros do órgão de administração perante a sociedade", *Boletim da Faculdade de Direito da Universidade de Coimbra*, vol. 73, 1997, pp. 211-250. Este último escrito é posterior, pese embora tenha sido publicado previamente. No último escrito não são tomadas posições relevantes sobre os aspectos centrais das matérias que analisamos.

[12] Vide AcSTJ 23.5.02 (Abel Freire), CJ-STJ 02-II-88 (com uma referência ao *corporate governance* e à defesa do interesse social), AcSTJ 19.11.87 (Menéres Pimentel), BMJ 371-473, e AcRL 23.3.95 (Antunes Pina), *www.dgsi.pt* (com referência ao dever de diligência na administração).

[13] Vide AcSTJ 19.11.87 (Menéres Pimentel), BMJ 371-473.

[14] Vide AcSTJ 3.5.00 (Francisco Lourenço), BMJ 497-389 e CJ-STJ 00-II-41, AcSTJ 14.1.97 (Tomé de Carvalho), BMJ 463-598, AcRP 12.10.00 (Oliveira Vasconcelos), CJ 00-IV-210, AcRP 19.12.96 (Oliveira Vasconcelos), CJ 96-V-222.

A jurisprudência relativa à justa causa de destituição do administrador é igualmente relevante, na medida em que identifique e concretize os deveres do administrador[15].

Não conhecemos nenhum caso de efectiva condenação de um administrador perante a sociedade, por violação do dever de gestão (de administração ou de diligência).

*

Direito norte-americano

A responsabilidade civil dos administradores é uma das matérias centrais de todo o *corporate law*[16]. No sistema empresarial norte-americano existe uma grande dispersão do capital, o que implica um maior poder e uma maior proeminência dos administradores. A responsabilidade civil é eleita um dos mecanismos essenciais de controlo da actividade dos administradores. Daí que o tema da

---

[15] *Vide* AcRP 24.3.03 (Pinto Ferreira), CJ 03-II-180 (com referência a um dever de diligência e a um dever de vigilância), AcRP 9.4.02 (M. Fernanda Pais Soares), CJ 02-II-216 (com referência a um dever de diligência e à protecção do património social), AcSTJ 14.1.98 (Lúcio Teixeira), *www.dgsi.pt*.

[16] *Vide* essencialmente *Principles of corporate governance: analysis and recommendations*, American Law Institute, St. Paul, 1994, Eisenberg, Melvin Aron, "Obblighi e responsabilità degli amministratori e dei funzionari delle società nel diritto americano", *Giurisprudenza Commerciale*, I, 1992, pp. 617-636, e "An overview of the principles of corporate governance", *Business Lawyer*, 1993, pp. 1271-1296, Knepper, William, e Bailey, Dan, *Liability of corporate officers and directors*, Charlottesville, 1998, Hansen, Charles, "The duty of care, the business judgment rule, and the american law institute corporate governance project", *Business Lawyer*, 1993, pp. 1355-1376, Balotti, R. Franklin, e Hanks, James J., "Rejudging the business judgment rule", *Business Lawyer*, 1993, pp. 1337-1353, e Cunningham, Lawrence, e Yablon, Charles, "Delaware fiduciary duty law after QVC and Technicolor: a unified standard (and the end of Revlon duties?)", *Business Lawyer*, 1993, pp. 1593-1628.

Vide ainda, numa perspectiva de política legislativa, Easterbrook, Frank H., e Fischel, Daniel R., *The economic structure of corporate law*, USA, 1996, Romano, Roberta, *Foundations of corporate law*, New York, 1993, e Parkinson, J. E., *Corporate power and responsability*, New York, 1996.

responsabilidade civil dos administradores seja extremamente desenvolvido e exista uma extensa casuística.

O regime substantivo de responsabilidade dos administradores centra-se na definição dos deveres gerais dos administradores – os *fiduciary duties*. A consagração de tais deveres deriva da concepção dos administradores como *fiduciaries*. É realizada uma analogia entre a posição dos administradores e a posição dos *trustees*. Todavia, não existe uma equiparação total. Os administradores devem tomar decisões arriscadas (risco empresarial). Diversamente, os *trustees* não devem gerir o património de uma forma arriscada.

Os deveres gerais dos administradores são essencialmente o *duty of care* e o *duty of loyalty* (ou *duty of fair dealing*). É ainda apontado como dever geral o *duty to act lawfully*.

O *duty of care* consiste no dever dos administradores de cumprirem com diligência as obrigações derivadas das suas funções. Tal dever deriva da regra moral subjacente a todo o *law of negligence* e que impõe àquele que assume uma função que comporta um risco de provocação de danos a obrigação moral de cumprir o seu dever com diligência.

O *duty of care* compreende quatro distintos deveres, a saber: o *duty to monitor*; o *duty to inquiry*; o dever de realizar um *reasonable decisionmaking process*; o dever de assumir uma *reasonable decision*.

O *duty to monitor* impõe ao administrador um controlo da informação, uma vigilância. A vigilância não é realizada pessoalmente, mas sim através de um sistema de vigilância de controlo da informação – *monitoring procedures*. É sempre admissível a delegação.

O *duty to inquiry* obriga o administrador a realizar uma investigação quando tome conhecimento de factos que possam causar um dano.

O administrador tem não só o dever de produzir uma decisão ponderada e equitativa – *reasonable decision* –, mas também o dever de, ao longo de um processo tendente à tomada da decisão, obter a informação suficiente e razoável para o habilitar a tomar uma boa decisão – *reasonable decisionmaking process*. O *process due care* varia de acordo com a complexidade da decisão, com o tempo disponível, a variedade de decisões possíveis e os seus custos relativos. O tempo de decisão pode ser por vezes muito escasso, não permitindo a obtenção de muita informação, ainda que a matéria a decidir seja crucial.

O *duty of loyalty* (ou *duty of fair dealing*) impõe ao administrador uma actuação correcta quando aja no exercício das suas funções. Tal dever impõe ao administrador que aja no interesse exclusivo da sociedade e dos accionistas, dando prevalência aos interesses desta sobre os seus interesses pessoais.

A responsabilidade dos administradores no Direito norte-americano é limitada pela *business judgment rule*.

A *business judgment rule* constitui uma regra de origem jurisprudencial que exclui a valoração pelos tribunais do mérito das decisões dos administradores. Esta regra opera uma importante restrição da responsabilidade dos administradores.

A *business judgment rule* é descrita por referência ao *duty of care*. Esta regra não é aplicada a situações de violação do *duty of loyalty*, sendo que nestes casos é sindicado o mérito da decisão de uma forma mais exaustiva.

Como foi referido *supra*, o *duty of care* compreende nomeadamente o dever de produzir uma decisão ponderada, equitativa e oportuna – *reasonable decision* – e o dever de obtenção de informação ao longo de um processo tendente à tomada da decisão – *reasonable decisionmaking process*. Nos termos da *business judgment rule*, os tribunais apenas analisam a razoabilidade do processo decisório e não sindicam o mérito da decisão. O objectivo desta regra é proceder a uma limitação da responsabilidade dos administradores. Os tribunais apenas conhecem do (in)cumprimento do dever de realizar um *reasonable decisionmaking process*, não indagando se foi tomada uma *reasonable decision*. A forma da decisão é analisada pelos tribunais; o mérito da decisão não é sindicado.

Qual o motivo subjacente à *business judgment rule*? Existem diversos fundamentos para esta regra. Em primeiro lugar, os juízes não possuem formação específica na área da gestão empresarial, pelo que a sua análise do mérito das decisões empresariais poderia ser desastrosa. Como contra-argumento é apontado o facto de os tribunais frequentemente analisarem matérias específicas, com o recurso a perícias caso sejam necessárias. Em segundo lugar, porque a análise realizada pelos tribunais é redutora. É difícil carrear para os processos judiciais todos os factos que importa pesar nas decisões empresarias. Mas este é um problema genérico da função jurisdicional. Em terceiro lugar, a análise *ex post* do mérito da decisão empresarial é muitas vezes entorpecida pelos dados referentes aos resultados da decisão. Uma decisão empresarial com maus resultados pode ser uma excelente decisão ao momento da sua prolação, dada que é próprio das empresas estarem sujeitas ao risco. Como contra-argumento é apontada a possibilidade de excluir a ponderação dos resultados da decisão na análise do seu mérito. É ainda apontado o argumento de que a actividade profissional de gestão empresarial não é dotada de modelos de comportamento suficientemente definidos, pelo que é difícil aferir da razoabilidade das decisões empresariais e é difícil igualmente aos administradores exercerem a sua defesa quando os resultados das decisões são negativos. Mas o argumento essencial é o de que é economicamente desejável a tomada de decisões arriscadas, sendo que um sistema em que fosse exercido um apertado controlo judicial *ex post* das decisões empresariais inibiria os administradores de tomaram decisões arriscadas. É preferível incentivar os administradores a tomarem decisões arriscadas, exigindo no entanto que se informem devidamente antes de tomar essas decisões.

A *business judgment rule* é tradicionalmente decomposta em quatro aspectos, sendo que três são condições de aplicação da regra e a quarta é a regra em si. Em primeiro lugar, a *business judgment rule* apenas é aplicada caso seja tomada conscientemente uma decisão. A regra não é aplicada quando inexista um *decisionmaking process* e em casos de falta de vigilância. Em segundo lugar, a regra apenas se aplica se os administradores não tiverem um interesse pessoal financeiro ou pecuniário no mérito da decisão. Em terceiro lugar, a regra apenas se aplica se não for violado o dever de produzir um *reasonable decisionmaking process*. Em quarto lugar, caso estejam reunidas as condições anteriores, o mérito da decisão não será analisado. Mais precisamente, não será analisada a razoabilidade substancial da decisão, restringindo-se a análise à sua racionalidade. Isto é, apenas é admitida a responsabilidade em caso de decisões irracionais (*egregious* ou *irrational decisions*).

Em conclusão, por força da *business judgment rule* não existe responsabilidade por *negligent substantive decisions*. A responsabilidade restringe-se a situações de negligência no *iter* decisional ou a decisões irracionais.

A *business judgment rule* é enunciada no § 4.01 dos *Principles of Corporate Governance*[17], que consagra igualmente o *duty of care*.

---

[17] Os *Principles of Corporate Governance* foram adoptados e promulgados, em 13 de Maio de 1992, pelo *American Law Institute*. Constituem um modelo de regulamentação jurídica sobre variados temas de *corporate law e* uma tentativa de unificação do *corporate law* norte-americano. Não são uma lei. São uma proposta de regulamentação que poderá ser acolhida pelos tribunais, pelos legisladores estaduais e pela sociedade civil. São *soft law*.

O § 4.01 dos *Principles of Corporate Governance* tem a seguinte redacção:
"§ 4.01 Duty of Care of Directors and Officers; the Business Judgment Rule

(a) A director or officer has a duty to the corporation to perform the director`s or officer`s functions in good faith, in a manner that he or she reasonably believes to be in the best interests of the corporation, and with the care that an ordinarily prudent person would reasonably be expected to exercise in a like position and under similar circumstances. This Subsection (a) is subject to the provisions of Subsection (c) (the business judgment rule) where applicable.

(1) The duty in Subsection (a) includes the obligation to make, or cause to be made, an inquiry when, but only when, the circumstances would alert a reasonable director or officer to the need therefor. The extent of such inquiry shall be such as the director or officer reasonably believes to be necessary.

(2) In performing any of his or her functions (including oversight functions), a director or officer is entitled to rely on materials and persons in accordance with §§ 4.02 and 4.03 (relience on directors, officers, employees, experts, other persons, and comittees of the board).

(b) Except as otherwise provided by statute or by a standard of the corporation and subject to the board`s ultimate responsibility for oversight, in performing its functions (including oversight functions), the board may delegate, formally or informally by course of conduct, any function (including the function of identifying matters requiring the attention of the board) to comittees of the board or to directors, officers, employees, experts, other persons; a director may rely on

O subparágrafo (c) do § 4.01 consagra a *business judgment rule* e enumera os requisitos de aplicação desta regra. A sua alínea (3) consagra o critério da racionalidade da decisão, por oposição ao critério da razoabilidade da decisão. O requisito de exercício consciente de uma decisão (isto é, a *business judgment rule* apenas é aplicada caso seja tomada conscientemente uma decisão) deve considerar-se implícito no subparágrafo (c) do § 4.01 dos *Principles of Corporate Governance*.

*

Direito alemão

No direito alemão, a aceitação da existência de um dever de gestão (ou de diligência) do administrador é cada vez mais pacífica.

Parte da doutrina faz referência a um dever de gestão (*Leitungspflicht*), decorrente do § 76 AktG, cujo conteúdo é concretizado pelo § 93 AktG[18-19]. Outra parte faz referência a um dever

---

such comittees and persons in fulfilling the duty under this Section with respect to any delegated function if the reliance is in accordance with §§ 4.02 and 4.03.

(c) A director or officer who makes a business judgment in good faith fulfills the duty under this Section if the director or officer:

(1) is not interested in the subject of the business judgment;

(2) is informed with respect to the subject of the business judgment to the extent the director or officer reasonably believes to be appropriate under the circumstances; and

(3) rationally believes that the business judgment is in the best interests of the corporation.

(d) A person challenging the conduct of a director or officer under this Section has the burden of proving a breach of the duty of care, including the inapplicability of the provisions as to the fulfillment of the duty under Subsection (b) or (c), and, in a damage action, the burden of proving that the breach was the legal cause of damage suffered by the corporation."

[18] O § 76 I AktG tem a seguinte redacção: "Der Vorstand hat unter eigener Verantwortung die Gesellschaft zu leiten." Esta norma tem algum paralelo no art. 405.º/1 CSC.

O § 93 I 1 AktG tem a seguinte redacção: "Die Vorstandsmitglieder haben bei ihrer Geschäftsführung die Sorgfalt eines ordentlichen und gewissen-

de diligência (*Sorgfaltspflicht*), decorrente do § 93 AktG[20]. O § 93 AktG é interpretado como uma norma com uma dupla função, a saber: bitola de concretização da ilicitude e de culpa (*Sorgfaltsmasstab*), por um lado, e previsão deveral (*Sorgfaltspflicht, Tatbestand*), por outro.

É aceite a existência de um dever de vigilância (*Aufsichtspflicht*) e de um dever de intervenção (*Einschreitenspflicht*). Repare--se que um dever de implementação de um sistema de monitorização da actividade social (*Überwachungssystem*) está expressamente consagrado no § 91 II AktG[21]. Tais deveres são integrados no conteúdo amplo do dever de gestão ou de diligência[22].

O conteúdo do dever de gestão ou de diligência é delimitado pelo interesse social.

Por influência norte-americana, existe uma forte preocupação de limitação da sindicabilidade do mérito das decisões empresariais.

---

haften Geschäftsleiters anzuwenden." Esta norma tem correspondência no art. 64.° CSC.

[19] Neste sentido, Paefgen, Walter, *Unternehmerische Entscheidungen und Rechtsbindung der Organe in der AG*, Köln, 2002. Vide ainda Hopt, Klaus, "Die Haftung von Vorstand und Aufsichtsrat", *Festschrift für Ernst-Joachim Mestmäcker*, Baden-Baden, 1996, pp. 909-931, e Hefermehl, Wolfgang, *Aktiengesetz*, II, München, 1974, pp. 269-310.

[20] Neste sentido, Thümmel, Roderich, *Persönlich Haftung von Managern und Aufsichsräten*, Stuttgart, München, Hannover, Berlin, Weimar, Dresden, 2003, pp. 88-98, Wiesner, Georg, *Münchener Handbuch des Gesellschaftsrechts*, IV, München, 1999, pp. 250-254 e 277-283, Mertens, Hans-Joachim, *Kölner Kommentar zum Aktiengesetz*, II, Köln, Berlin, Bonn, München, 1996, pp. 283-343, Kübler, Friedrich, *Gesellschaftsrecht*, Heidelberg, 1999, pp. 182-189.

[21] O § 91 II AktG tem a seguinte redacção: "Der Vorstand hat geeignete Massnahmen zu treffen, insbesondere ein Überwachungssystem einzurichten, damit den Fortbestand der Gesellschaft gefährdende Entwicklungen früh erkannt werden."

[22] Neste sentido, Wiesner, Georg, *Münchener Handbuch des Gesellschaftsrechts*, IV, München, 1999, pp. 250-254, Mertens, Hans-Joachim, *Kölner Kommentar zum Aktiengesetz*, II, Köln, Berlin, Bonn, München, 1996, pp. 283-343, Thümmel, Roderich, *Persönlich Haftung von Managern und Aufsichsräten*, Stuttgart, München, Hannover, Berlin, Weimar, Dresden, 2003, pp. 88-98.

No precedente judicial "ARAG/Garmenbeck"[23] foi consagrada a existência de uma margem de discricionariedade (*Ermessensspielraum* ou *Handlungsspielraum*) e a inerente insindicabilidade do mérito das decisões empresariais. Tal regra jurisprudencial é amplamente sufragada pela doutrina[24].

No entanto, o conteúdo e as fronteiras de tal margem de discricionariedade são algo controvertidos. A decisão "ARAG/Garmenbeck" faz apelo a diversos critérios, a saber: obtenção de informação (*Informationspflicht*), prossecução do interesse social, lealdade, conformidade à lei, não aceitação de riscos inapropriados (*unangemessene Risiken*). A correcta ponderação relativa destes critérios é objecto de discussão doutrinal. O critério que implica uma restrição da aceitação de riscos empresariais é criticado[25].

Walter Paefgen defende a existência de um dever de informação (*Informationspflicht*) enquanto encargo (*Obliegenheit*)[26]. Em caso de cumprimento deste encargo, o mérito da decisão empresarial seria insindicável (*Ermessensschutz*, "*Recht auf Irrtum*") e, em caso de incumprimento, o mérito já seria sindicável[27].

---

[23] Publicada em BGHZ 135, 244. É também essencial a decisão "Siemens//Nold" – BGHZ 136, 133.

[24] *Vide* Schmidt, Karsten, *Gesellschaftsrecht*, Köln, Berlin, Bonn, München, 2002, pp. 804-818, Kübler, Friedrich, *Gesellschaftsrecht*, Heidelberg, 1999, pp. 182-189, Wiesner, Georg, *Münchener Handbuch des Gesellschaftsrechts*, IV, München, 1999, pp. 162-167, Hüffer, Uwe, *Aktiengesetz*, München, 2002, pp. 452-458, Thümmel, Roderich, *Persönlich Haftung von Managern und Aufsichtsräten*, Stuttgart, München, Hannover, Berlin, Weimar, Dresden, 2003, pp. 88-98.

[25] *Vide* Paefgen, Walter, *Unternehmerische Entscheidungen und Rechtsbindung der Organe in der AG*, Köln, 2002, pp. 145-149 e 177-180.

[26] Sobre a noção de encargo (ou ónus material), Cordeiro, António Menezes, *Tratado de direito civil português*, I, tomo I, Coimbra, 2000, pp. 188-190, e *Da boa fé no direito civil*, Coimbra, 1997, pp. 766-767, e Larenz, Karl, e Wolf, Manfred, *Allgemeiner Teil des Bürgerlichen Rechts*, München, 1997, pp. 264--266.

[27] Paefgen, Walter, *Unternehmerische Entscheidungen und Rechtsbindung der Organe in der AG*, Köln, 2002, pp. 223-228 e 245-251. Trata-se de um *Habilitationsschrift*.

O § 93 II 2 AktG[28] realiza uma inversão do ónus de alegação/prova. Tal inversão do ónus de alegação/prova não respeita apenas à culpa, mas também à ilicitude. É entendimento doutrinário[29] que a sociedade tem o ónus de prova da possibilidade de uma acção ou omissão do administrador, violadora de um dever, ter causado danos à sociedade. Assim, a sociedade tem um ónus de prova indiciária da acção/omissão violadora do dever, do dano e do nexo de causalidade. O administrador tem que provar que não existe ilicitude, culpa, ou que os danos teriam sido causados ainda que tivesse agido adequadamente.

*

Direito italiano

A matéria da responsabilidade dos administradores perante a sociedade é regulada essencialmente pelo art. 2392.º CC (Codice Civile)[30].

No direito italiano é pacificamente aceite a existência, a par de deveres de conteúdo específico, de um dever geral de administrar com diligência (ou, simplesmente, dever de diligência)[31]. Para parte

---

[28] O § 93 II 2 AktG tem a seguinte redacção: "Ist streitig, ob sie die Sorgfalt eines ordentlichen und gewissenhaften Geschäftsleiters angewandt haben, so trifft sie die Beweislast."

[29] Vide Paefgen, Walter, *Unternehmerische Entscheidungen und Rechtsbindung der Organe in der AG*, Köln, 2002, pp. 245-251, Wiesner, Georg, *Münchener Handbuch des Gesellschaftsrechts*, IV, München, 1999, p. 281, Hüffer, Uwe, *Aktiengesetz*, München, 2002, p. 458, Mertens, Hans-Joachim, *Kölner Kommentar zum Aktiengesetz*, II, Köln, Berlin, Bonn, München, 1996, pp. 318-320.

[30] O art. 2392.º/1 CC tem a seguinte redacção: "Gli amministratori devono adempiere i doveri ad essi imposti dalla legge e dall`atto constitutivo con la diligenza del mandatario, e sono solidalmente responsabili verso la società dei danni derivanti dall`inosservanza di tali doveri, a meno che si tratti di attribuzioni proprie del comitato esecutivo o di uno o più amministratori."

[31] Neste sentido, Bonelli, Franco, "La responsabilità degli amministratori di società per azioni", *Trattato delle Società per Azioni*, IV, Torino, 1995, pp. 323--324, Franzoni, Massimo, "Le responsabilità civile degli amministratori e dei sin-

da doutrina, tal dever decorre do art. 2380.º/1 CC[32-33]. Para outra parte, tal dever decorre do referido art. 2392.º CC[34].

Existe alguma controvérsia doutrinal quanto à determinação do grau de diligência. Para parte da doutrina, o dever de diligência deve ser aferido atendendo a critérios de profissionalidade (art. 1176.º/2 CC)[35]. Para outra parte, o dever de diligência deve ser aferido pelo critério geral do bom pai de família (art. 1176.º/1 CC), não sendo exigível uma actuação com perícia[36].

Por influência norte-americana, é defendida a insindicabilidade do mérito das decisões empresariais[37]. O juiz não pode sindicar o mérito das decisões empresariais tendo por base critérios de discricionariedade, oportunidade ou conveniência. A adopção do critério geral do bom pai de família e a inexigibilidade de perícia têm nomea-

---

daci", *Trattato di Diritto Commerciale e di Diritto Pubblico dell`Economia*, XIX, Padova, 1994, pp. 4-10, Allegri, Vincenzo, *Contributo allo studio della responsabilità civile degli amministratori*, Milano, 1979, pp. 130-140, Ferrara, Francesco, e Corsi, Francesco, *Gli imprenditori e le società*, Milano, 1987, p. 519, e Arrigoni, Alessandro, "La responsabilità sociale degli amministratori tra regoli e principi", *Giurisprudenza Commerciale*, II, 1990, pp. 122-157.

[32] O art. 2380.º/1 CC tem a seguinte redacção: "L`amministrazione delle società può essere affidata anche a non soci." Esta norma tem algum paralelo no art. 405.º/1 CSC.

[33] Neste sentido, Allegri, Vincenzo, *Contributo allo studio della responsabilità civile degli amministratori*, Milano, 1979, pp. 130-140.

[34] Neste sentido, Bonelli, Franco, "La responsabilità degli amministratori di società per azioni", *Trattato delle Società per Azioni*, IV, Torino, 1995, pp. 323--324 e 351.

[35] Neste sentido, Allegri, Vincenzo, *Contributo allo studio della responsabilità civile degli amministratori*, Milano, 1979, pp. 156-176.

[36] Neste sentido, Bonelli, Franco, "La responsabilità degli amministratori di società per azioni", *Trattato delle Società per Azioni*, IV, Torino, 1995, pp. 361-372, e Franzoni, Massimo, "Le responsabilità civile degli amministratori e dei sindaci", *Trattato di Diritto Commerciale e di Diritto Pubblico dell`Economia*, XIX, Padova, 1994, pp. 36-39.

[37] Neste sentido, Bonelli, Franco, "La responsabilità degli amministratori di società per azioni", *Trattato delle Società per Azioni*, IV, Torino, 1995, pp. 361--372, Arrigoni, Alessandro, "La responsabilità sociale degli amministratori tra regoli e principi", *Giurisprudenza Commerciale*, II, 1990, pp. 122-157.

damente como fundamento a limitação da responsabilidade por erros de gestão. É também realizado um apelo à noção de risco empresarial.

Alguma doutrina evidencia que o administrador tem o dever de obter informação antes de tomar uma decisão[38].

É aceite a existência de um dever de vigilância e de um dever de intervenção[39].

Tratando-se de uma responsabilidade obrigacional, a sociedade tem o ónus de prova da conduta violadora do dever, do dano e do nexo de causalidade; o administrador tem que provar que não existe culpa[40].

O regime italiano da responsabilidade dos administradores foi recentemente alterado pelo Decreto Legislativo 17 gennaio 2003, n.º 6, com entrada em vigor prevista para 1.1.2004. A redacção do art. 2392.º CC foi alterada[41], passando a bitola de diligência a aten-

---

[38] Neste sentido, Frè, Giancarlo, "Società per azioni", *Commentario del Codice Civile*, V, Bologna, Roma, 1982, p. 502.

[39] Neste sentido, Bonelli, Franco, "La responsabilità degli amministratori di società per azioni", *Trattato delle Società per Azioni*, IV, Torino, 1995, pp. 353--357, e Franzoni, Massimo, "Le responsabilità civile degli amministratori e dei sindaci", *Trattato di Diritto Commerciale e di Diritto Pubblico dell'Economia*, XIX, Padova, 1994, p. 35. Vide igualmente Borgioli, Alessandro, *I direttori generali di società per azioni*, Milano, 1975, pp. 307-308, e Galgano, Francesco, "*La società per azioni*", *Trattato di Diritto Commerciale e di Diritto Pubblico dell'Economia*, VII, Padova, 1984, pp. 268-269.

[40] Neste sentido, Allegri, Vincenzo, *Contributo allo studio della responsabilità civile degli amministratori*, Milano, 1979, pp. 141-156, Bonelli, Franco, "La responsabilità degli amministratori di società per azioni", *Trattato delle Società per Azioni*, IV, Torino, 1995, pp. 324-327, Franzoni, Massimo, "Le responsabilità civile degli amministratori e dei sindaci", *Trattato di Diritto Commerciale e di Diritto Pubblico dell'Economia*, XIX, Padova, 1994, pp. 10-11, e Galgano, Francesco, "*La società per azioni*", *Trattato di Diritto Commerciale e di Diritto Pubblico dell'Economia*, VII, Padova, 1984, p. 270.

[41] O art. 2392.º/1 CC passará a ter a seguinte redacção: "Gli amministratori devono adempiere i doveri ad essi imposti dalla legge e dallo statuto con la diligenza richiesta dalla natura dell'incarico e dalle loro specifiche competenze. Essi sono solidalmente responsabili verso la società dei danni derivanti dall'inosservanza di tali doveri, a meno che si tratti di attribuzioni proprie del comitato esecutivo o di funzioni in concreto attribuite ad uno o più amministratori."

der a dois critérios: o critério objectivo da natureza da função; o critério subjectivo da competência técnica do administrador[42]. O art. 2381.º/6 CC passou a prever expressamente o dever de agir de modo informado[43].

*

Conclusões

A situação jurídica passiva do administrador é integrada por um dever de gestão.

Adoptamos o termo "gestão" e não o termo "administração" por três motivos. Em primeiro lugar, porque se trata da terminologia legal em sede de competência dos administradores – art. 406.º CSC. Em segundo lugar, porque é o termo utilizado pela ciência correspondente à actividade dos administradores – a gestão de empresas. Repare-se que, como será referido *infra*, as *leges artis* da gestão de empresas delimitam e concretizam o conteúdo deste dever. Em terceiro lugar, por forma a evitar o manuseamento da distinção civilística entre actos de administração e actos de disposição, que é nesta sede totalmente irrelevante.

Adoptamos o termo "gestão" e não o termo "diligência" por dois motivos. Em primeiro lugar, por considerarmos que o termo "diligência" deve ser utilizado em sede de concretização da ilicitude (e em sede de culpa). Em segundo lugar, por forma a apelar para a ciência da gestão de empresas, que, como será referido *infra*, é fulcral para a delimitação e concretização da ilicitude.

---

[42] *Vide* Amato, Sergio di, "Le azioni di responsabilità nella nuova disciplina della società a responsabilità limitata", *Giurisprudenza Commerciale*, I, 2003, pp. 286-307.

[43] O art. 2381.º/6 CC passará a ter a seguinte redacção: "Gli amministratori sono tenuti ad agire in modo informato; ciascun amministratori può chiedere agli organi delegati che in consiglio siano fornite informazioni relative alla gestione della società."

Sobre esta matéria, *vide* Angelis, Lorenzo De, "Amministrazione e controllo nelle società a responsabilità limitata", *Rivista delle Società*, 2003, pp. 469-489.

Não se trata de uma obrigação de meios ou de diligência, mas sim de uma obrigação de resultado. O resultado é a própria gestão e não um certo sucesso empresarial[44].

O conteúdo do dever de gestão é essencialmente concretizado atendendo ao fim da obrigação – a prossecução do interesse social – e através das *leges artis* da gestão de empresas.

O conteúdo do dever é concretizado por recurso à bitola do interesse social, consagrada pelo art. 64.º CSC. A prossecução do interesse social constitui a finalidade (essencial) da gestão. O interesse social reconduz-se ao interesse comum ou colectivo dos sócios[45].

---

[44] Seguimos um raciocínio próximo de Almeida, Carlos Ferreira de, "Os contratos civis de prestação de serviço médico", *Direito da Saúde e Bioética*, Lisboa, 1996, pp. 107-118. Sobre a distinção entre obrigação de meios e obrigação de resultado, *vide* ainda Silva, Manuel Gomes da, *Dever de prestar e dever de indemnizar*, Lisboa, 1944, pp. 363-387, Cordeiro, António Menezes, *Direito das obrigações*, I, Lisboa, 1990, pp. 358-359, e Leitão, Luís Menezes, *Direito das obrigações*, I, Coimbra, 2000, pp. 124-125.

Repare-se que o problema reside na identificação da prestação. Neste caso, o resultado procurado é a própria gestão e não um certo sucesso empresarial (tal como, no caso da prestação de serviços médicos, o resultado procurado é o tratamento e não a cura). Refira-se ainda que a distinção entre obrigação de meios e obrigação de resultado tem utilidade para efeitos de distribuição do ónus da prova. Os defensores da existência de obrigações de meios limitam o oneração probatória do devedor. Todavia, o problema praticamente não se coloca, dado que está em causa quase sempre o (in)cumprimento defeituoso, caso em que o credor tem sempre que alegar factos relativos ao comportamento violador (*vide infra*).

[45] Tal é a concepção das teses contratualistas. Para as concepções institucionalistas, o interesse social terá autonomia face ao interesse colectivo dos sócios. A concepção contratualista é acolhida pela maioria da doutrina nacional, sendo que igualmente consideramos que esta concepção é a mais correcta. *Vide*, por todos, Jaeger, Pier Giusto, *L`interesse sociale*, Milano, 1964. Adoptando uma concepção contratualista, Ventura, Raul, e Correia, Luís Brito, "Responsabilidade civil dos administradores de sociedades anónimas e dos gerentes de sociedades por quotas", *Boletim do Ministério da Justiça*, n.º 192, pp. 101-2, Xavier, Vasco da Gama Lobo, *Anulação de deliberação social e deliberações conexas,* Coimbra, 1998, pp. 242-246, n. 116, Cordeiro, António Menezes, *Da responsabilidade civil dos administradores das sociedades comerciais*, Lisboa, 1997, pp. 498-523., Leitão, Luís Menezes, *Pressupostos de exclusão de sócio nas sociedades comerciais*,

O interesse comum ou colectivo dos sócios em geral corresponde à consecução do máximo lucro através da actividade social.

O conteúdo em concreto do dever de gestão é sobretudo delimitado pelas *leges artis* da gestão de empresas. As regras da boa gestão são essencialmente definidas pela ciência e arte de gestão de empresas.

Acresce que, a cláusula relativa à diligência de um gestor criterioso e ordenado, igualmente consagrada pelo art. 64.º CSC, também opera uma concretização da ilicitude. A diligência é aferida em abstracto, atendendo à diligência normalmente utilizada por um homem-tipo e não à diligência habitual do agente. O legislador optou por não consagrar o critério geral da responsabilidade comum (critério do bom pai de família), mas sim o critério do gestor criterioso e ordenado, de inspiração alemã e adequado aos problemas específicos da administração (e à crescente profissionalização dos administradores). Trata-se de uma matéria que respeita igualmente ao juízo de ilicitude e não uma matéria relativa apenas à culpa[46].

*

Lisboa, 1988, p. 39, n. 37, Albuquerque, Pedro de, *Direito de preferência dos sócios em aumentos de capital nas sociedades anónimas e por quotas*, Coimbra, 1993, pp. 303-342, Abreu, Jorge Coutinho de, *Da empresarialidade*, Coimbra, 1996, pp. 225-243, e Correia, Luís Brito, *Direito comercial*, II, Lisboa, 1982, pp. 32-58, e *Os administradores de sociedades anónimas*, Coimbra, 1993, p. 602, n. 17. Adoptando uma concepção institucionalista, Ascensão, José de Oliveira, *Direito comercial*, IV, Lisboa, 1993, pp. 55-6.

[46] Para a maioria da doutrina, o art. 64.º CSC procede a uma concretização dos comportamentos ilícitos, em sede de ilicitude. Neste sentido, Ventura, Raul, e Correia, Luís Brito, "Responsabilidade civil dos administradores de sociedades anónimas e dos gerentes de sociedades por quotas", *Boletim do Ministério da Justiça*, n.º 192, p. 96, Ventura, Raul, *Sociedades por quotas*, III, Coimbra, 1991, p. 148, Correia, Luís Brito, *Os administradores de sociedades anónimas*, Coimbra, 1993, pp. 596-597, e Cordeiro, António Menezes, *Da responsabilidade civil dos administradores das sociedades comerciais*, Lisboa, 1997, pp. 40, n. 21, e 496-497. Em posição divergente, considerando que respeita exclusivamente à culpa, Varela, João de Matos Antunes, "Anotação ao Acórdão de 31 de Março de 1993 do Tribunal Arbitral", *Revista de Legislação e Jurisprudência*, 126.º ano, 1993-1994, p. 315. Considerando que o art. 64.º CSC consagra autonomamente

A consagração legal do dever de gestão resulta da conjugação de diversas normas. Vejamos.

O art. 405.º CSC estabelece como função dos administradores a gestão da actividade da sociedade. Esta norma deve ser interpretada como consagrando um dever funcional de gestão.

Repare-se que o art. 406.º e o art. 373.º/3 CSC consagram competências próprias do conselho de administração. Tal consagração tem como reflexo necessário um dever de gestão, que integre no mínimo o exercício de tais competências próprias.

A existência de um dever de gestão é pressuposta pelo art. 407.º/2 CSC, ao referir que a delegação imprópria não exclui a responsabilidade dos outros administradores. Que responsabilidade estará aqui em causa? Seguramente não se trata (apenas) da responsabilidade decorrente da violação de deveres de conteúdo específico ou atomístico, mas de um dever de gestão[47].

É ainda defensável que o art. 64.º CSC tem uma dupla função. Por um lado consagra uma bitola de diligência, relativa à concretização da ilicitude e à culpa. Por outro lado, consagra autonomamente um dever, uma previsão normativa, uma situação de responsabilidade. Esta leitura do art. 64.º CSC tem vantagens sistemáticas extremamente relevantes, dado que o art. 114.º/1 CSC consagra autonomamente situações de responsabilidade de uma forma paralela. Assim, é possível concluir que do art. 64.º CSC decorrerá igualmente a existência de um dever de gestão (e não de diligência, como foi referido *supra*, por forma a reservar tal termo para a concretização da ilicitude e para a apreciação da culpa).

Repare-se ainda que a correcta densificação da noção de justa causa de destituição dos administradores implica igualmente a aceitação de um dever de gestão.

*

---

situações de ilicitude, Silva, João Soares da, "Responsabilidade civil dos administradores de sociedades: os deveres gerais e os princípios da *corporate governance*", *Revista da Ordem dos Advogados*, 1997, pp. 615-616.

[47] *Vide* Maia, Pedro, *Função e funcionamento do conselho de administração da sociedade anónima*, Coimbra, 2002, pp. 248-250.

O dever de gestão compreende o dever de vigilância, o dever de intervenção, o dever de obtenção de informação no *iter* decisional e o dever de não tomar decisões irracionais. O dever de gestão não compreende o dever de tomar decisões adequadas.

Repare-se que do art. 407.º/5 CSC resulta que a delegação de competências (própria) restringe o dever de gestão (no respeita às matérias que são objecto da delegação), mas não afasta a existência de um dever de vigilância e de um dever de intervenção. Todavia, importa ter presente que os deveres de vigilância e de intervenção não existem apenas em caso de delegação de competências (própria). Verificam-se sempre. Mesmo dentro do seu pelouro (ou sobretudo dentro do seu pelouro), o administrador tem que desenvolver uma actividade de vigilância, nomeadamente através da adopção de procedimentos de monitorização da actividade social (*monitoring procedures, Überwachungssystem*), e, em caso de necessidade, tem que intervir.

Consideramos preferível o entendimento de que o dever de gestão é constituído por um dever de obtenção de informação no *iter* decisional e um dever de não tomar decisões irracionais, reduzindo assim a análise do mérito das decisões empresariais à sua (ir)racionalidade. Rejeitamos o entendimento de que o dever de gestão é constituído por um dever de tomar decisões adequadas, sendo a sindicabilidade do mérito das decisões empresariais limitada apenas através da aceitação de uma margem de discricionariedade.

Modificando o entendimento oferecido num texto anterior[48], consideramos agora que a mera aceitação de uma margem de discricionariedade constitui um mecanismo insuficiente de limitação da sindicabilidade do mérito das decisões empresariais.

Em rigor, a aceitação de uma margem de discricionariedade não afasta a análise do mérito das decisões empresariais. A aceitação de uma margem de discricionariedade apenas significa a inexistência de responsabilidade pela adopção de uma decisão de entre duas ou mais decisões adequadas, implicando a análise do mérito e

---

[48] Referimo-nos a Nunes, Pedro Caetano, *Responsabilidade civil dos administradores perante os accionistas*, Coimbra, 2001, p. 26.

da adequação das possíveis decisões a tomar. É um mecanismo de limitação da sindicabilidade do mérito das decisões empresariais comparativamente pobre.

O nosso (actual) entendimento limita de forma muito mais eficaz a sindicabilidade do mérito das decisões empresariais. Só a irracionalidade das decisões empresariais é analisada.

Este entendimento tem a vantagem de permitir a recepção no regime português dos critérios da *business judgment rule*, que, numa economia bastante mais desenvolvida, se revelaram eficientes e equilibrados.

Repare-se que a limitação da sindicabilidade do mérito das decisões empresariais é fulcral. Como foi referido *supra*, é economicamente desejável a tomada de decisões arriscadas, sendo que um sistema em que fosse exercido um apertado controlo *ex post* da adequação das decisões empresariais inibiria os administradores de tomarem decisões arriscadas. É preferível incentivar os administradores a tomarem decisões arriscadas, exigindo no entanto que se informem devidamente antes de tomar essas decisões. Está em causa o desenvolvimento económico e a competitividade das empresas e da economia.

Refira-se ainda e por forma a melhor compreender a solução que oferecemos face aos regimes norte-americano, alemão e italiano, que a existência de uma actuação em conflito de interesses não afasta a configuração oferecida para o dever de gestão. Assim, rejeitamos o entendimento segundo o qual, em caso de actuação em conflito de interesses, existirá um dever de tomar decisões adequadas e a inerente sindicabilidade do mérito das decisões empresariais. Em caso de actuação em conflito de interesses, a eventual responsabilidade civil decorrerá não da violação do dever de gestão, mas sim da violação do dever de lealdade[49].

---

[49] A consagração legal do dever de lealdade reside no art. 762.°/2 CC e nos arts. 64.°, 397.° e 398.° CSC. Para além das situações previstas na lei da forma mais expressa (negócios com a sociedade e proibição de concorrência), é nomeadamente defensável a existência de um dever de não apropriação de oportunidades societárias (*taking of corporate opportunities*), de deveres de informação

Refira-se, por último, que a concepção do dever de obtenção de informação como um encargo (ónus material), sustentada por Walter Paefgen, deve ser rejeitada. Esta concepção não oferece um fundamento legal para o facto de o mérito das decisões empresariais não ser sindicado numa primeira fase, mas tão só o ser numa segunda fase, após incumprimento do referido encargo. Isto é, se se defende que, em caso de incumprimento do encargo, existe um dever de tomar decisões adequadas, com que fundamento legal se defende que tal dever de tomar decisões adequadas não existe sempre e desde o início? Entendemos que a transposição dos critérios da *business judgment rule* é obtida de forma mais correcta pela aceitação do dever de obtenção de informação no *iter* decisional enquanto dever jurídico e não enquanto encargo jurídico. Todavia, o efeito útil da nossa concepção não diverge muito do efeito útil da concepção de Walter Paefgen, na medida em que, em caso de incumprimento do dever de obtenção de informação no *iter* decisional, a verificação dos demais pressupostos da responsabilidade obrigacional (nomeadamente do nexo de causalidade) poderá implicar alguma análise do mérito da decisão empresarial.

*

O entendimento que defendemos é o consagrado na lei. Vejamos.

A restrição do dever de gestão aos deveres de obtenção de informação no *iter* decisional e de não tomar decisões irracionais e a inerente insindicabilidade do mérito das decisões empresariais (com correspondência na *business judgment rule*), decorre do próprio conteúdo da actividade de gestão de empresas, que, como referimos *supra*, delimita e concretiza o conteúdo do dever de gestão.

(incluindo o dever de comunicação da existência de uma situação de conflito de interesses) e de um dever de não actuar em conflito de interesses.

Estará aqui especialmente em causa o dever de não actuar em conflito de interesses. Em caso de violação deste dever já não se coloca um problema de limitação da sindicabilidade do mérito das decisões empresariais (*business judgment rule*).

Tal delimitação do dever de gestão e a inerente insindicabilidade do mérito das decisões empresariais decorrem ainda da bitola de diligência do gestor criterioso e ordenado.

Tal regime é pressuposto pelos arts. 405.°, 406.° e 64.° CSC.

Em última análise e para quem defenda a existência de uma lacuna, poderá sempre recorrer-se ao art. 10.°/3 CC, para justificar esta concepção.

*

O art. 72.°/1 CSC estabelece uma inversão do ónus de alegação/prova. Tal inversão é compatível com a regra geral estabelecida no art. 799.°/1 CC. Tal inversão do ónus de alegação/prova deve ser entendida de uma forma criteriosa.

A violação do dever de gestão traduz-se essencialmente num cumprimento defeituoso. A inexecução resulta essencialmente de comportamentos positivos e não de uma absoluta omissão. Em caso de cumprimento defeituoso, a prova da inexecução da obrigação cabe ao credor[50]. Assim, a inversão do ónus de alegação/prova é bastante reduzida.

Contudo, aceitando como adequados os critérios da doutrina alemã *supra* referida, entendemos que a sociedade (ou o sócio, em substituição processual) apenas deve ter um ónus de prova indiciário, sobre a possibilidade de verificação de uma violação de um dever causadora de um dano.

Face a estes dados, é correcto entender que a sociedade (ou sócio, em substituição processual) tem que produzir (alegação e) prova indiciária sobre a acção (ou omissão) violadora de dever, sobre os danos e sobre o nexo de causalidade entre a acção e os danos. O administrador tem o ónus de prova de inexistência de ili-

---

[50] *Vide* Leitão, Luís Menezes, *Direito das obrigações*, II, Coimbra, 2000, p. 250, e Varela, João Antunes, *Das obrigações em geral*, II, Coimbra, 1995, p. 100. Para quem defende que não existe uma obrigação de resultado, a distribuição do ónus probatório é idêntica. *Vide* Frada, Manuel Carneiro da, *Contrato e deveres de protecção*, Coimbra, 1994, p. 193, e Varela, João Antunes, *Das obrigações em geral*, II, Coimbra, 1995, p. 100.

citude, de inexistência de culpa e de que os danos teriam ocorrido face ao comportamento lícito alternativo.

*

Importa realçar as conclusões centrais para efeitos de resolução do presente litígio.

O administrador tem um dever de gestão. O conteúdo deste dever é concretizado pelo interesse social, pelas *leges artis* da gestão de empresas e pelo critério de diligência de um gestor criterioso e ordenado.

O dever de gestão compreende (nomeadamente) o dever de obtenção de informação no *iter* decisional e o dever de não tomar decisões irracionais. O dever de gestão não compreende o dever de tomar decisões adequadas. Esta concepção constitui uma limitação da sindicabilidade do mérito das decisões empresariais (com correspondência na *business judgment rule*).

A sociedade (ou o sócio, em substituição processual) tem o ónus de prova indiciária sobre a acção (ou omissão) violadora de um dever, sobre os danos e sobre o nexo de causalidade. O administrador tem o ónus de prova de inexistência de ilicitude, de inexistência de culpa e de que os danos teriam ocorrido face ao comportamento lícito alternativo.

*

Caso em apreço

Na estrutura da petição inicial, a análise dos alegados actos de má gestão praticados pelos réus desdobra-se em dois temas, a saber: a inviabilização pelo primeiro réu do projecto "Público Electrónico" (artigos 119.º a 125.º da petição inicial); e o bloqueio pelos segundo e terceiro réus da actividade social (artigos 126.º a 187.º da petição inicial).

Analisemos separadamente cada um dos temas.

*

A Multidifusão e o jornal "O Público" realizaram negociações com vista à criação do "Público Electrónico".

A autora alegou que o primeiro réu manifestou perante representantes do jornal "O Público" as suas dúvidas sobre a legalidade da actividade da Multidifusão, inviabilizando o projecto. Alegou ainda que o primeiro réu recomendou a um representante do jornal "O Público" a não celebração de qualquer contrato com a Multidifusão.

Tal alegação foi vertida nos quesitos 4.°, 5.° e 6.°. Tais quesitos foram considerados não provados, por prova do contrário (conforme despacho de fls. 1765-1770).

No que respeita à alegada inviabilização pelo primeiro réu do projecto "Público Electrónico", a resposta negativa aos quesitos 4.°, 5.° e 6.° determina a improcedência da pretensão indemnizatória da autora.

*

Quanto ao segundo tema – bloqueio pelos segundo e terceiro réus da actividade social –, resulta do facto assente n.° 26 (correspondente à alínea R da especificação), que, na reunião do conselho de administração da Multidifusão realizada em 13.02.1998, o terceiro réu decidiu suspender a celebração de novos contratos com terceiros.

Esta decisão era impeditiva da eventual celebração de novos contratos no âmbito do serviço Telebolsa. Esta decisão implicou o abandono do projecto Infobolsa.

É quanto a este tema que as considerações teóricas *supra* realizadas são extremamente relevantes.

O terceiro réu adoptou uma decisão empresarial, em cumprimento do seu dever de gestão. Tal dever de gestão compreende o dever de obtenção de informação no *iter* decisional e o dever de não tomar decisões irracionais. Não compreende o dever de tomar decisões adequadas. A autora tinha o ónus de prova indiciária da violação do dever de não tomar decisões irracionais ou da violação do dever de obtenção de informação no *iter* decisional.

Tal prova indiciária não foi realizada.

Tanto basta para que, igualmente no que respeita ao alegado bloqueio pelos segundo e terceiro réus da actividade social, a pretensão indemnizatória da autora improceda.

*

Em todo o caso, será útil aprofundar um pouco mais a análise da decisão empresarial tomada pelo terceiro réu na reunião do conselho de administração da Multidifusão realizada em 13.02.1998.

Em primeiro lugar, analisaremos a racionalidade da decisão e a obtenção de informação no *iter* decisional.

Em segundo lugar, teceremos algumas considerações sobre o mérito da decisão empresarial.

*

Não só não foi produzida prova indiciária da violação do dever de não tomar decisões irracionais ou da violação do dever de obtenção de informação no *iter* decisional, como é possível referir que a decisão empresarial em apreço é racional e foi precedida da obtenção de informação.

O terceiro réu, ao fundamentar a referida decisão empresarial, declarou nomeadamente o seguinte: *"face à gravíssima situação financeira da sociedade, para a qual vem chamando a atenção dos accionistas, desde há quase um ano (...), considera (...) ser contrário ao interesse da sociedade que esta assuma novos compromissos comerciais ou alargue o âmbito dos existentes, quando se desenha como muito próxima e nítida a impossibilidade de vir a cumprir integralmente tais compromissos. (...). Considera (...) que a única atitude prudente, racional, e conforme ao interesse da sociedade, será a de suspender ou mesmo declinar pura e simplesmente a celebração de novos contratos com terceiros, salvo se se tratar de contratos de muito pequeno significado, como seja, por exemplo, o de se permitir a renovação do contrato de trabalho a termo certo de um empregado da sociedade (...)"*.

A racionalidade da decisão resulta de forma evidente do próprio texto da sua fundamentação.

A obtenção de informação igualmente resulta de tal texto. A referência à "*gravíssima situação financeira da sociedade*" pressupõe a obtenção de informação sobre a situação financeira da sociedade. Pressupõe ainda que tal informação foi devidamente examinada. A afirmação de que se "*vem chamando a atenção dos accionistas, desde há quase um ano*" evidencia ainda que o terceiro réu obteve e examinou informação sobre a situação financeira da sociedade durante mais de um ano.

Toda a prova produzida (documental e testemunhal) apontou no sentido de que a referida decisão empresarial foi precedida de uma cuidadosa e diligente ponderação de informação sobre a situação financeira da sociedade.

*

Pese embora o dever de gestão não compreenda o dever de tomar decisões adequadas, é possível avançar um pouco mais e referir que existem indícios de que a decisão tomada foi adequada.

Resulta dos factos assentes n.° 34 a n.° 44 que a Multidifusão encontrava-se numa situação económico-financeira muito má. Os resultados operacionais foram sempre negativos. A rentabilidade operacional foi sempre negativa e inferior ao custo médio ponderado do capital estimado. O passivo bancário aumentava. Os accionistas não realizavam injecções de capital (entradas de capital ou empréstimos). O acesso ao crédito bancário revelava-se difícil. Trata-se inclusivamente de um quadro que indicia uma situação de insolvência técnica.

Resulta em especial do facto assente n.° 43 que a implementação do projecto Infobolsa não determinaria uma inversão da situação económico-financeira da Multidifusão.

Existem assim fortes indícios de que a decisão de "*suspender ou mesmo declinar pura e simplesmente a celebração de novos contratos com terceiros*" era adequada.

A autora alegou que a aceitação de novas propostas contratuais para o serviço Telebolsa não implicava a realização imediata de investimentos acrescidos. É certo que a aceitação de novos clientes para o serviço Telebolsa não implicava a realização de investimentos relevantes. Todavia, a aceitação de novos clientes para o serviço Telebolsa poderia vir a ser geradora de responsabilidades, pois a sociedade poderia não conseguir assegurar o cumprimento das suas obrigações contratuais até ao termo de vigência dos contratos. Tal incumprimento poderia inclusivamente provocar danos de valor elevado, na medida em que a gestão das carteiras de valores mobiliários poderia ser fortemente perturbada. A sociedade seria responsável civil por tais danos. Novamente existem fortes indícios de que a decisão adoptada era adequada. Existem inclusivamente indícios de que a decisão adoptada é reveladora de uma cultura de responsabilidade.

*

DECISÃO

Face ao exposto, julgo a presente acção totalmente improcedente e, em consequência, absolvo os réus José Gonçalo Ferreira de Areia, Carlos Alberto Ferreira Henriques, Carlos Alberto Gonçalves Veloso, "Radiotelevisão Portuguesa, S.A." e "TV Guia – Sociedade Editora de Publicações, Lda." do peticionado pela autora "Comptris – Companhia Portuguesa de Capital de Risco, S.A.".

Custas pela autora – art. 446.º CPC.
Notifique e registe.

*

Lisboa, 27.10.2003

PEDRO CAETANO NUNES

Processo n.º 208/99
Comarca de Lisboa – 3.ª Vara Cível – 1.ª Secção

II
CONCORRÊNCIA E OPORTUNIDADES DE NEGÓCIO SOCIETÁRIAS – ESTUDO COMPARATIVO SOBRE O DEVER DE LEALDADE DOS ADMINISTRADORES DE SOCIEDADES ANÓNIMAS

1. INTRODUÇÃO

Um administrador de uma sociedade petrolífera toma conhecimento de um estudo realizado pela sociedade, onde são identificados diversos terrenos ricos em petróleo. Aproveitando-se de tal conhecimento, o administrador adquire um desses terrenos.

Um administrador de uma sociedade que se dedica à distribuição de material informático na zona de Lisboa, mas que planeia estender a sua actividade para a zona do Porto, resolve antecipar-se e abre pessoalmente um negócio igual no Porto.

Um administrador, sabendo que a sociedade necessita de expandir as suas instalações industriais, adquire pessoalmente os terrenos contíguos a tais instalações.

Um administrador, ao tomar conhecimento de que a sociedade na qual exerce funções está a planear adquirir uma posição dominante numa outra sociedade, compra acções cotadas da sociedade visada.

Um administrador de uma sociedade que se dedica à realização de furos artesianos, ao utilizar o equipamento e o pessoal da sociedade, descobre petróleo. Imediatamente adquire o terreno rico em petróleo para si.

No decurso de uma reunião de negócios, um administrador toma conhecimento da possibilidade de aquisição de uma participação no capital social de uma sociedade que fornece matéria-prima à sociedade na qual exerce funções. Imediatamente adquire a participação para si.

Existirá nestas hipóteses responsabilidade do administrador perante a sociedade? Qual o fundamento? Qual a relevância jurídica dos seguintes aspectos: exercício de uma actividade concorrente com uma actividade que a sociedade planeava exercer; prática de um acto isolado de concorrência; celebração de um negócio vantajoso com utilização de informação privilegiada ou de património ou pessoal da sociedade; celebração de um negócio vantajoso de que se teve conhecimento por força do exercício de funções; celebração de um negócio que ofereceria à sociedade ganhos sinergéticos relevantes?

Estas situações da vida podem suscitar problemas jurídicos que se podem tipificar em dois – a concorrência dos administradores com a sociedade e a apropriação pelos administradores de oportunidades de negócio societárias.

Estes problemas jurídicos não são especificamente regulados, nem pelas diversas Directivas de coordenação em matéria de Direito das Sociedades, nem pelo Regulamento do Conselho n.º 2157/2001, de 8.10.2001 (publicado no JO L 294/1, de 10.11.2001), relativo ao estatuto da sociedade europeia. O art. 51.º deste Regulamento limita-se a operar, em matéria de responsabilidade dos membros dos órgãos de administração e de fiscalização, uma remissão para os regimes estaduais.

Em Portugal, a matéria da concorrência dos administradores com a sociedade é objecto de regulamentação legal específica. Já o problema jurídico da apropriação pelos administradores de oportunidades de negócio societárias não é regulado especificamente pelo legislador. Igualmente desconhecemos quaisquer referências doutrinárias ou jurisprudenciais a este problema jurídico.

Na Alemanha, a matéria da concorrência dos administradores com a sociedade é regulamentada pelo legislador. Apesar da inexistência de referências legislativas e por influência norte-americana, o problema jurídico da apropriação pelos administradores de oportunidades de negócio societárias foi objecto de profunda análise pela doutrina e pela jurisprudência.

Nos Estados Unidos da América, a matéria da apropriação pelos administradores de oportunidades de negócio societárias é objecto de desenvolvimento jurisprudencial e doutrinário há mais de um século. A figura da concorrência dos administradores com a sociedade é igualmente consagrada pela jurisprudência e pela doutrina.

Propomo-nos realizar um estudo comparativo.

Do ponto de vista paradigmático[1], tal estudo versará sobre o Direito norte-americano, sobre o Direito alemão e sobre o Direito português.

Do ponto de vista sintagmático, o estudo comparativo obedecerá à seguinte estrutura: base jurídica; elementos; consentimento; consequências jurídicas (remédios).

Como resulta do próprio título, o estudo restringir-se-á à sociedade anónima, não abrangendo outros tipos societários, nomeadamente a sociedade por quotas. Qual a justificação para esta opção? A sociedade anónima corresponde a uma realidade sociológica distinta. Na sociedade anónima existe um maior distanciamento entre o capital e a gestão (ou, se se quiser, entre *ownership* e *control*). A administração tem poderes próprios. A colectividade dos sócios tem muitas vezes uma intervenção meramente plebiscitária. Existe uma maior dispersão das participações sociais. Os accionistas (não dominantes) exercem uma vigilância muito limitada da gestão. Justifica-se um estudo autonomizado de uma realidade sociológica distinta. Nesta perspectiva, será correcto comparar a sociedade anónima com a *public corporation* e a *Aktiengesellschaft*.

Existe uma restrição que não se depreende do título. O estudo não abrangerá a matéria dos deveres dos administradores de sociedades coligadas, nomeadamente o regime decorrente do art. 504.º CSC.

A expressão "administradores" constante do título é utilizada numa acepção ampla, no sentido de membros do órgão de administração, incluindo os administradores de sociedades anónimas com estrutura monista e os directores de sociedades anónimas com estrutura dualista. Ao longo deste estudo a expressão poderá ser utilizada quer com este sentido amplo, quer com o seu sentido restrito.

---

[1] Utilizamos a terminologia oferecida em Almeida, Carlos Ferreira de, *Direito comparado – ensino e método*, Lisboa, Cosmos, 2000, pp. 153-156.

Faremos alguma referência aos membros do conselho geral (*Aufsichtsrat*) germânico e aos membros do conselho geral (de sociedades anónimas com estrutura dualista) português, na medida em que exercem funções semelhantes aos administradores (*directors*) não executivos norte-americanos e aos administradores não executivos (de sociedades anónimas com estrutura monista) portugueses.

2. DIREITO NORTE-AMERICANO

2.1. **Dever de lealdade e** *equity*

No direito societário norte-americano[2], os administradores (*directors*) são considerados fiduciários (*fiduciaries*), sendo-lhes impostos deveres fiduciários (*fiduciary duties*).

Os deveres fiduciários constituem uma criação jurisprudencial (*case law*) secular de origem britânica, que se encontra associada ao surgimento e ao desenvolvimento dos *trusts*. No *trust* é operada uma transmissão de bens ou direitos pelo *settlor* para o *trustee*, em benefício de uma terceira pessoa. Para protecção da posição deste beneficiário, os tribunais britânicos impuseram ao *trustee* deveres fiduciários perante o beneficiário. A evolução posterior determinou a aplicação de deveres fiduciários a outros institutos jurídicos. Os deveres fiduciários foram aplicados em situações de *partnership*. Posteriormente, foram aplicados em matéria de *agency*. No decurso desta evolução e do alargamento do campo de aplicação dos deveres fiduciários, passaram igualmente a ser aplicados, em matéria de direito societário, aos administradores (*directors*), bem como aos executivos (*officers*) em geral.

---

[2] Relativamente às matérias que analisamos, não existe um direito norte-americano uniforme, de origem federal. Cada Estado Federado tem o seu próprio regime jurídico. Todavia, o universo de discussão doutrinal e jurisprudencial extravasa totalmente as fronteiras dos Estados Federados. Acresce que existem importantes vectores de uniformização do direito, como os *Principles of Corporate Governance*. Sendo assim, optamos por utilizar a expressão "direito societário norte-americano".

Existem características que unem todas estas situações e que justificam a imposição de deveres fiduciários. Em todas estas situações existe uma prestação de serviços a favor de determinada pessoa. Tal prestação de serviços envolve a atribuição de poderes sobre a pessoa ou o património do beneficiário. Existe um risco de conflito de interesses. Em todas estas situações é difícil ao beneficiário exercer um controlo adequado da prestação da pessoa a quem foram atribuídos poderes. É por vezes igualmente difícil a remoção desses poderes. Em todas estas situações, o custo de especificação contratual dos deveres da pessoa a quem foram atribuídos poderes é extremamente elevado[3].

Os deveres fiduciários impostos aos administradores, tal como os deveres fiduciários impostos aos *trustees* ou aos *agents*, têm origem na *equity*[4].

No direito societário norte-americano, os deveres fiduciários dos administradores compreendem o dever de lealdade (*duty of loyalty* ou *duty of fair dealing*[5]) e o dever de diligência (*duty of care*).

---

[3] Sobre este último aspecto, *vide* Easterbrook, Frank, e Fischel, Daniel, "Contract and fiduciary duty", *The Journal of Law and Economics*, 1993, pp. 425--446, e Romano, Roberta, "Comment on Easterbrook and Fischel "contract and fiduciary duty"", *The Journal of Law and Economics*, 1993, pp. 447-451.

[4] Sobre a recondução dos deveres fiduciários à *equity*, Frankel, Tamar, "Fiduciary duties", *The New Palgrave Dictionary of Economics and the Law*, New York, Stockton Press, 1998, pp. 127-132, Davies, Paul, *Gower and Davies` principles of modern company law*, London, Sweet & Maxwell, 2003, pp. 380--381, Reynolds, F. M., *Bowstead and Reynolds on agency*, London, Sweet & Maxwell, 1996, pp. 191-194, e Brito, Maria Helena, *A representação nos contratos internacionais – um contributo para o estudo do princípio da coerência em direito internacional privado*, Coimbra, Almedina, 1999, p. 233, n. 451. Sobre a noção de *equity*, *vide* Almeida, Carlos Ferreira de, *Introdução ao direito comparado*, Coimbra, Almedina, 1998, pp. 83-87 e 122.

[5] Distinguindo o *duty of fair dealing* do *duty of loyalty*, no sentido em que, no primeiro, estão em causa conflitos de interesses pecuniários e, no segundo, estão em causa conflitos de interesses pecuniários ou não pecuniários, American Law Institute, *Principles of corporate governance: analysis and recommendations*, I, St. Paul, American Law Institute Publishers, 1994, pp. 199-200.

O dever de lealdade surge em situações de conflito de interesses entre a sociedade e o administrador[6]. O dever de lealdade dos administradores para com a sociedade pode ser decomposto num aspecto positivo e num aspecto negativo. De acordo com o aspecto positivo, os administradores devem prosseguir o interesse social. Na perspectiva negativa, os administradores não devem prosseguir interesses pessoais ou de terceiros, em detrimento do interesse social.

O dever de não apropriação de oportunidades de negócio societárias (*taking of corporate opportunities*) e o dever de não concorrência (*competition with the corporation*) são concretizações do dever de lealdade.

A imposição de um dever de não apropriação de oportunidades de negócio societárias tem justificações de cariz económico extremamente relevantes[7]. A apropriação de uma oportunidade de negócio societária é equivalente a uma remuneração encoberta. É suposto que a remuneração atribuída ao administrador seja suficiente para induzir a desejada prestação. A apropriação de uma oportunidade de negócio societária prejudicará, em última análise, os investidores. O receio de falta de lealdade poderá determinar um aumento do custo do capital e a inerente perda de competitividade das empresas e da economia.

---

[6] *Vide* Clark, Robert Charles, *Corporate Law*, Boston, Toronto, Little & Brown, 1986, pp. 141-142, Eisenberg, Melvin A., "Obblighi e responsabilità degli amministratori e dei funzionari delle società nel diritto americano", *Giurisprudenza Commerciale*, I, 1992, pp. 626-636, Eisenberg, Melvin A., "An overview of the Principles of Corporate Governance", *The Business Lawyer*, 1993, pp. 1284-1288, Small, Marshall L., "Conflicts of interests and the ALI corporate governance project – a reporter's perspective", *The Business Lawyer*, 1993, pp. 1377-1392, e American Law Institute, *Principles...*, cit., pp. 199-200.

[7] *Vide* Brudney, Victor, e Clark, Robert Charles, "A new look at corporate opportunities", *Harvard Law Review*, 1981, pp. 998-1000.

2.2. Dever de não concorrência e dever de não apropriação de oportunidades de negócio societárias

Analisemos, em primeiro lugar, o dever de não concorrência (*competition with the corporation*), e, de seguida, o dever de não apropriação de oportunidades de negócio societárias (*taking of corporate opportunities*), quer na jurisprudência, quer na doutrina. Analisemos, por último e de forma autónoma, o regime constante dos *Principles of Corporate Governance*, relativamente a ambos os deveres de não concorrência e de não apropriação de oportunidades de negócio societárias, na medida em se trata de um regime sistemático e científico.

2.2.1. *Na jurisprudência e na doutrina*

A liberdade de iniciativa empresarial é limitada pelo dever de não entrar em concorrência com a sociedade.

Tal dever não é delimitado de forma uniforme pela jurisprudência norte-americana. Existe uma grande flutuação jurisprudencial[8]. Algumas decisões judiciais permitem o exercício de actividades concorrentes, embora exijam que o administrador actue de boa fé (*act in good faith*) e que evite prejudicar a sociedade. Alguma doutrina questiona que um administrador possa exercer uma actividade concorrente, de boa fé e sem prejudicar a sociedade. Outras decisões judiciais limitam em absoluto a possibilidade de exercício de actividades concorrentes. Outras decisões admitem o exercício de actividades concorrentes em caso de consentimento pela sociedade.

---

[8] *Vide* Balotti, R. Franklin, e Finkelstein, Jesse, *The Delaware law of corporations and business organizations*, in Westlaw, 1988, § 4.10, Knepper, William, e Bailey, Dan, *Liability of corporate officers and directors*, Charlottesville, Lexis, 1998, pp. 146-149, Brodsky, Edward, e Adamski, M. Patricia, *Law of corporate officers and directors: rights, duties and liabilities*, in Westlaw, 2003, § 4.15, e American Law Institute, *Principles...*, cit., pp. 301-302.

A teoria norte-americana das oportunidades de negócio societárias (*corporate opportunities doctrine*) constitui uma criação jurisprudencial secular.

A questão central reside em saber quando é que uma oportunidade de negócio "pertence" à sociedade, ou melhor, quando é que, na relação entre a sociedade e o administrador, se deve considerar que a oportunidade "pertence" à sociedade.

A jurisprudência desenvolveu diversos *tests*, destinados a determinar quando é que uma oportunidade de negócio "pertence" à sociedade[9].

A origem do *interest or expectancy test* remonta à decisão *Lagarde v. Anniston Lime & Stone Co.*, proferida no Alabama, em 1900. Segundo este *test*, uma oportunidade de negócio "pertence" à sociedade quando a sociedade tiver um interesse ou uma expectativa criada em relação à oportunidade, ou quando a oportunidade for essencial para a sociedade. No referido caso judicial estava em causa uma sociedade que detinha um terço de um terreno para exploração mineira, tinha um acordo para aquisição de outro terço e não possuía qualquer posição relativamente ao restante terço. Alguns administradores adquiriram pessoalmente estes últimos dois terços do terreno. O tribunal considerou que a aquisição do terço do terreno, relativamente ao qual a sociedade já tinha um acordo, constituiu uma violação dos seus deveres.

O *line of business test* foi inicialmente consagrado na decisão *Guth v. Loft, Inc.*, proferida no Delaware, em 1939. De acordo com este *test*, qualquer oportunidade de negócio que tenha uma conexão estreita com uma actividade que a sociedade exerce ou espera exercer "pertence" à sociedade. A referida decisão judicial tratou do caso de um administrador de uma sociedade de fabrico e venda de bebidas, que adquiriu pessoalmente interesses relativos à fórmula

---

[9] *Vide* Henn, Harry, e Alexander, John, *Laws of corporations and other business enterprises*, St. Paul, West Publishing, 1983, pp. 632-637, Clark, Robert Charles, *Corporate...*, cit., pp. 223-234, Knepper, William, e Bailey, Dan, *Liability...*, cit., pp. 139-146, Brodsky, Edward, e Adamski, M. Patricia, *Law...*, cit., §§ 4.1-4.12, e American Law Institute, *Principles...*, cit., pp. 285-294.

secreta e à marca Pepsi, tendo realizado um aproveitamento pessoal desses interesses.

Repare-se que a jurisprudência que adopta este último *test* tenderá a fazer um recorte mais amplo do dever de não apropriação de oportunidades de negócio societárias do que a jurisprudência que adopta o *interest or expectancy test*. Ainda que a sociedade não tenha um interesse ou uma expectativa criada em relação à oportunidade e desde que a oportunidade tenha uma conexão estreita com uma actividade que a sociedade exerce ou espera exercer, existirá o dever de não apropriação da oportunidade.

O *fairness test* teve origem na decisão *Durfee v. Durfee & Canning, Inc.*, proferida no Massachusetts, em 1948. Este *test* impõe uma análise (ainda) mais casuística de todos os aspectos relevantes para que se possa concluir sobre se a apropriação de uma oportunidade de negócio é injusta. Este *test* pode ser criticado precisamente pelo excesso de casuísmo, que poderá conduzir a contradições jurisprudenciais e a insegurança.

Por último, em 1974, no Minnesota, na decisão *Miller v. Miller, Inc.*, foi adoptado o *two-step test*, que constitui uma combinação do *line of business test* e do *fairness test*. De acordo com esta posição jurisprudencial, deve ser avaliado, em primeiro lugar, se a oportunidade de negócio tem uma conexão estreita com a actividade efectivamente exercida pela sociedade ou que a sociedade planeia vir a exercer. Em caso de resposta positiva a esta primeira interrogação, deverá ser indagado, num segundo momento, se a apropriação desta oportunidade de negócio é injusta, de acordo com todos os factores relevantes do caso concreto. Este *test* constitui uma limitação da jurisprudência decorrente do *line of business test*.

A jurisprudência norte-americana, independentemente da opção por qualquer um destes quatro *tests*, atribui grande relevo a dois factores. Por um lado, é extremamente relevante a utilização de informação privilegiada ou de património (ou de pessoal) da sociedade para tomar conhecimento de, "adquirir" ou desenvolver determinada oportunidade de negócio. Por outro, é igualmente relevante o conhecimento da existência da oportunidade de negócio no exercício de funções ou por força do exercício de funções.

A opção pelos diversos *tests* pode conduzir a soluções diferentes para casos semelhantes. Acresce que, ainda que sob a égide do mesmo *test*, a análise profundamente casuística realizada pelos tribunais pode conduzir igualmente a soluções diferentes para casos semelhantes. Trata-se de uma jurisprudência geradora de indefinição conceptual. Daí que exista uma preocupação doutrinária de clarificação do conceito de oportunidade de negócio societária, com a inerente rejeição dos *tests*.

Em Abril de 1978, a *American Bar Association* publicou o *Corporate Director's Guidebook*. Trata-se de um guia em matéria de conduta e de responsabilidades dos administradores. Ao definir o conceito de oportunidade de negócio societária, o *Corporate Director's Guidebook* rejeita a inclusão das noções de *interest*, *expectancy*, *line of business* e *fairness*, associadas aos diversos *tests* jurisprudenciais. Para o *Corporate Director's Guidebook* existirá uma oportunidade de negócio societária quando o administrador tome conhecimento da oportunidade por força do exercício de funções e tal oportunidade seja relevante para a actual actividade da sociedade ou para actividades a desenvolver[10].

Em 1981, Victor Brudney e Robert Clark, ambos professores na Universidade de Harvard, publicaram um estudo[11], que exerceria uma influência doutrinária marcante.

---

[10] Na sua redacção originária, o *Corporate Director's Guidebook* continha a seguinte definição de oportunidade de negócio societária:

"When an opportunity (commonly refered to as a "corporate opportunity") to acquire another business enterprise, to acquire property, to license patents or inventions, to market new products, or to seize any other business advantage, comes to the attention of the corporate director as a result of his relation to the corporation in a way that would permit its personal realization, and is relevant to the enterprise`s present or prospective business activities, the director must first present it to his corporation. Only after informed evaluation and a determination (by disinterested peers) that the corporation should not pursue such corporate opportunity, should the corporate director pursue the matter for his one account or the benefit of others.".

[11] Trata-se de Brudney, Victor, e Clark, Robert Charles, "A new...", cit., pp. 997-1062.

Neste estudo é proposta uma racionalização do conceito de oportunidade de negócio societária, a superação dos *tests* e a aceitação de regras diferentes, consoante esteja em causa uma *close* ou uma *public corporation*, e, no que respeita à *public corporation*, consoante esteja em causa um administrador executivo ou um administrador não executivo.

Para as *public corporations* seria adequada uma regra rígida, que proibisse os administradores de se apropriarem de qualquer oportunidade de negócio, independentemente da sua conexão com a sociedade. Para as *close corporations* seria adequada uma perspectiva selectiva. De acordo com esta perspectiva selectiva, a apropriação de oportunidades de negócio seria proibida, salvo consentimento antecipado ou contemporâneo, quando a sociedade tivesse um interesse ou uma expectativa criada em relação à oportunidade ou quando a oportunidade estivesse funcionalmente relacionada com a actividade social. Quando é que existiria este relacionamento funcional? Quando a sobreposição da oportunidade de negócio com a actividade social fosse geradora de ganhos sinergéticos não triviais. Tais ganhos sinergéticos podem nomeadamente ocorrer relativamente a actividades complementares ou paralelas. Podem igualmente ocorrer em casos de sobreposição de processos de fabrico ou de venda. Podem ainda ocorrer em casos de exploração de fontes adicionais de recursos naturais ou de quantidades do mesmo produto.

A distinção de regime entre *close* e *public corporations* é justificada por diversos argumentos. Os sócios de *public corporations* têm uma posição mais análoga à dos beneficiários de *trusts* do que os sócios de *close corporations*. O dever de lealdade dos administradores de *public corporations* seria assim mais intenso. Há uma maior capacidade de selecção de executivos pelos sócios de *close corporations* do que pelos das *public corporations*. Existe igualmente uma maior capacidade de controlo da sua actuação. Estes dois argumentos justificam igualmente uma maior intensidade do dever de lealdade dos administradores de *public corporations*. Os administradores de *public corporations* são normalmente contratados a tempo inteiro, auferindo uma remuneração elevada. É indiscutível a desnecessidade de remunerações encobertas correspondentes a oportunidades de negócio societárias desfrutadas pessoalmente. As *public corporations* são suficientemente grandes e flexíveis para aceitar qualquer nova oportunidade de investimento que ofereça um retorno apropriado por unidade de risco. As considerações sobre se a oportunidade de negócio tem uma conexão próxima com a actividade social exercida incorreriam no pressuposto errado de que as grandes empresas não têm interesse em diversificar a sua actividade.

Neste estudo é igualmente proposta uma diferenciação de regimes aplicáveis a administradores executivos e a administradores não executivos de *public corporations*. Em relação aos administradores executivos é sustentada uma proibição categórica de apropriação de oportunidades de negócio societárias. Tal proibição categórica apenas permitiria a realização de investimentos passivos. Victor Brudney e Robert Clark definem investimentos passivos como aqueles que não implicam uma participação do investidor na tomada de decisões relativas à entidade na qual o investimento é realizado. Relativamente a administradores não executivos, sustentam que a proibição de apropriação de oportunidades de negócio societárias deve ser limitada às situações de uso de informação privilegiada, de património ou de recursos da sociedade.

Para Victor Brudney e Robert Clark, a regra de que os administradores executivos de *public corporations* podem realizar investimentos passivos é sujeita a uma excepção. Sustentam que os administradores executivos de *public corporations* que se dediquem à intermediação financeira não podem realizar investimentos passivos que se insiram na esfera de operações da sociedade. Consideram que as sociedades de investimento, as companhias de seguros, as instituições bancárias e instituições similares são intermediários financeiros.

Parte da jurisprudência considera que, em caso de incapacidade financeira da sociedade ou de existência de obstáculos jurídicos ao aproveitamento da oportunidade de negócio pela sociedade, os administradores podem apropriar-se da oportunidade de negócio. Outra parte da jurisprudência apenas admite a invocação de incapacidade financeira em caso de insolvência da sociedade e desde que o administrador não seja responsável por tal estado de insolvência. Outra parte da jurisprudência rejeita em absoluto estas defesas. Em geral, existe uma preocupação de limitação de admissibilidade destas defesas, por forma a não encorajar a apropriação de oportunidades de negócio pelos administradores em prejuízo da sociedade[12]. No referido estudo de Victor Brudney e Robert Clark é criticada a orientação jurisprudencial que permite a apropriação de oportunidades de negócio pelos administradores por força da alegação de incapacidade financeira para aproveitar a oportunidade de negócio ou da alegação de impossibilidade jurídica de aproveitamento da oportunidade de negócio. É referido que se tais alegações forem admitidas, o resultado será sempre a aceitação da apropriação da oportunidade de negócio societária, porquanto os tribunais têm que resolver o litígio com base em factos que são essencialmente do conhecimento dos administradores. É afirmado ainda que a referida orientação jurisprudencial reduz o incentivo para a resolução dos problemas financeiros ou jurídicos das sociedades.

2.2.2. *Nos* Principles of Corporate Governance

Em 13 de Maio de 1992, o *American Law Institute* adoptou e promulgou os *Principles of Corporate Governance*[13]. Os *Principles of Corporate Governance* constituem um modelo de regulamentação jurídica sobre variados temas do governo das sociedades. Não são uma lei. São uma proposta de regulamentação que poderá ser acolhida pelos tribunais, pelos legisladores estaduais e pela socie-

---

[12] *Vide* Knepper, William, e Bailey, Dan, *Liability...*, cit., pp. 144-146, Henn, Harry, e Alexander, John, *Laws...*, cit., pp. 635-636, e Brodsky, Edward, e Adamski, M. Patricia, *Law...*, cit., § 4.12.

[13] Os *Principles* foram elaborados ao longo de cerca de catorze anos por seis *reporters*, sendo que todos eram professores universitários, com o apoio de onze *consultants* e de quarenta e seis *advisers*, sendo que estes eram professores universitários e juristas.

dade civil. São *soft law*. Constituem um vector de uniformização do direito societário norte-americano extremamente relevante[14].

A parte V dos *Principles of Corporate Governance* é dedicada ao dever de lealdade. No capítulo 1 da parte V, composto unicamente pelo § 5.01[15], encontra-se consagrado, em termos genéricos, o dever de lealdade (*duty of loyalty* ou *duty of fair dealing*) dos administradores. O § 5.01 estabelece que os administradores, quando tenham um interesse numa matéria que afecta a sociedade, estão onerados com um dever de lealdade. Trata-se de um princípio geral, concretizado através de específicos deveres de conduta[16], enunciados no capítulo 2 da parte V, nos §§ 5.02 a 5.09.

O § 5.05[17] dos *Principles of Corporate Governance* regula o dever de não apropriação de oportunidades de negócio societárias

---

[14] *Vide* Almeida, Carlos Ferreira de, *Introdução*..., cit., p. 127.

[15] O § 5.01 dos *Principles of Corporate Governance* tem a seguinte redacção:
"§ 5.01 Duty of Fair Dealing of Directors, Senior Executives, and Controlling Shareholders
Directors [§ 1.13], senior executives [§ 1.33], and controlling shareholders [§ 1.10], when interested [§ 1.23] in a matter affecting the corporation, are under a duty of fair dealing, which may be fulfilled as set forth in Chapters 2 and 3 of Part V. This duty includes the obligation to make appropriate disclosure as provided in such Chapters."

[16] *Vide* American Law Institute, *Principles*..., cit., p. 205.

[17] O § 5.05 dos *Principles of Corporate Governance* tem a seguinte redacção:
"§ 5.05 Taking of Corporate Opportunities by Directors or Senior Executives
(a) *General Rule*. A director [§ 1.13] or senior executive [§ 1.33] may not take advantage of a corporate opportunity unless:
    (1) The director or senior executive first offers the corporate opportunity to the corporation and makes disclosure concerning the conflict of interest [§ 1.14(a)] and the corporate opportunity [§ 1.14(b)];
    (2) The corporate opportunity is rejected by the corporation; and
    (3) Either:
    (A) The rejection of the opportunity is fair to the corporation;
    (B) The opportunity is rejected in advance, following such disclosure, by disinterested directors [§ 1.15], or, in the case of a senior executive who is not a director, by a disinterested superior, in a manner that satisfies the standards of the business judgment rule [§ 4.01(c)]; or

(*taking of corporate opportunities*). O conceito de oportunidade de negócio societária é delimitado pelo § 5.05(b). É ultrapassada a cli-

---

(C) The rejection is authorized in advance or ratified, following such disclosure, by disinterested shareholders [§ 1.16], and the rejection is not equivalent to a waste of corporate assets [§ 1.42].

(b) *Definition of a Corporate Opportunity*. For purposes of this Section, a corporate opportunity means:

(1) Any opportunity to engage in a business activity of which a director or senior executive becomes aware, either:

(A) In connection with the performance of functions as a director or senior executive, or under circumstances that should reasonably lead the director or senior executive to believe that the person offering the opportunity expects it to be offered to the corporation; or

(B) Through the use of corporate information or property, if the resulting opportunity is one that the director or senior executive should reasonably be expected to believe would be of interest to the corporation; or

(2) Any opportunity to engage in a business activity of which a senior executive becomes aware and knows is closely related to a business in which the corporation is engaged or expects to engage.

(c) *Burden of Proof.* A party who challenges the taking of a corporate opportunity has the burden of proof, except that if such party establishes that the requirements of Subsection (a)(3)(B) or (C) are not met, the director or the senior executive has the burden of proving that the rejection and the taking of the opportunity were fair to the corporation.

(d) *Ratification of Defective Disclosure*. A good faith but defective disclosure of the facts concerning the corporate opportunity may be cured if at any time (but no later than a reasonable time after suit is filed challenging the taking of the corporate opportunity) the original rejection of the corporate opportunity is ratified, following the required disclosure, by the board, the shareholders, or the corporate decisionmaker who initially approved the rejection of the corporate opportunity, or such decisionmaker`s successor.

(e) *Special Rule Concerning Delayed Offering of Corporate Opportunities.* Relief based solely on failure to first offer an opportunity to the corporation under Subsection (a)(1) is not available if: (1) such failure resulted from a good faith belief that the business activity did not constitute a corporate opportunity, and (2) not later than a reasonable time after suit is filed challenging the taking of the corporate opportunity, the corporate opportunity is to the extent possible offered to the corporation and rejected in a manner that satisfies the standards of Subsection (a)."

vagem tradicional entre diversos *tests*, fornecendo-se um conceito abrangente, na sequência da concepção adoptada pelo *Corporate Director`s Guidebook* e das posições doutrinárias assumidas por Victor Brudney e Robert Clark. Tal conceito abrangente é composto de três regras.

Segundo o § 5.05(b)(1)(A), existe uma oportunidade de negócio societária quando o administrador toma conhecimento de uma oportunidade de realizar um negócio em conexão com o exercício de funções ou em circunstâncias que devem levar o administrador a acreditar que o oferente espera que a oportunidade seja oferecida à sociedade. Nesta última situação será relevante a impressão de uma pessoa razoável, colocada na posição do administrador[18]. No § 5.05(b)(1)(A) integram-se as situações em que o administrador é encarregue de realizar uma específica actividade ou tarefa que conduz ao surgimento de uma oportunidade de negócio[19].

Segundo o § 5.05(b)(1)(B), existe uma oportunidade de negócio societária quando o administrador toma conhecimento de uma oportunidade de realizar um negócio através da utilização de informação privilegiada ou de património social.

O § 5.05(b)(2) estabelece que uma oportunidade de negócio é societária quando o administrador sabe que é intimamente relacionada com uma actividade que a sociedade exerce ou espera exercer. Inclui-se a oportunidade de aquisição de propriedade corpórea ou incorpórea, bem como do seu uso[20].

A regra estabelecida no § 5.05(b)(2) não é aplicável a administradores não executivos[21]. Os administradores não executivos não têm o dever de não realizar um negócio só porque tal negócio é intimamente relacionado com uma actividade que a sociedade exerce ou espera exercer.

---

[18] *Vide* American Law Institute, *Principles*..., cit., p. 290.
[19] *Vide* American Law Institute, *Principles*..., cit., p. 286.
[20] *Vide* American Law Institute, *Principles*..., cit., p. 289.
[21] *Vide* American Law Institute, *Principles*..., cit., p. 287.

As alegações de incapacidade financeira ou de incompatibilidades jurídicas não constituem defesas admissíveis[22]. As dificuldades financeiras podem ser suplantadas com recurso a financiamento. As limitações estatutárias e quaisquer incompatibilidades jurídicas podem ser ultrapassadas.

O dever de não concorrência (*competition with the corporation*) dos administradores é regulado pelo § 5.06[23] dos *Principles of Corporate Governance*.

O § 5.06(a) estabelece que os administradores não podem investir capital por forma a entrar em concorrência com a sociedade.

---

[22] Vide American Law Institute, *Principles*..., cit., pp. 299-300.

[23] O § 5.06 dos *Principles of Corporate Governance* tem a seguinte redacção:
"§ 5.06 Competition with the Corporation

(a) *General Rule*. Directors [§ 1.13] and senior executives [§ 1.33] may not advance their pecuniary interests by engaging in competition with the corporation unless either:

(1) Any reasonably foreseeable harm to the corporation from such competition is outweighed by the benefit that the corporation may reasonably be expected to derive from allowing the competition to take place, or there is no reasonably foreseeable harm to the corporation from such competition;

(2) The competition is authorized in advance or ratified, following disclosure concerning the conflict of interest [§ 1.14(a)] and the competition [§ 1.14(b)], by disinterested directors [§ 1.15], or in the case of a senior executive who is not a director, is authorized in advance by a disinterested superior, in a manner that satisfies the standards of the business judgment rule [§ 4.01(c)]; or

(3) The competition is authorized in advance or ratified, following such disclosure, by disinterested shareholders [§ 1.16], and the shareholder`s action is not equivalent to a waste of corporate assets [§ 1.42].

(b) *Burden of Proof*. A party who challenges a director or senior executive for advancing the director`s or senior executive`s pecuniary interests by competiting with the corporation has the burden of proof, except that if such party establishes that neither Subsection (a)(2) nor (3) is satisfied, director or senior executive has the burden of proving that any reasonably foreseeable harm to the corporation from such competition is outweighed by the benefit that the corporation may reasonably be expected to derive from allowing the competition to take place, or that there is no reasonably foreseeable harm to the corporation."

Está em causa qualquer forma de concorrência, incluindo concorrência relativamente a clientes, fornecedores, empregados e bens transaccionáveis[24].

O § 5.06(a)(1) admite, no entanto, tal concorrência, caso não seja razoavelmente previsível um prejuízo para a sociedade decorrente da concorrência ou caso não seja razoavelmente previsível que o prejuízo seja suplantado pelo benefício decorrente de tal concorrência. Todavia, se se concluir posteriormente que existe possibilidade de prejuízo para a sociedade, o administrador deve cessar a actividade concorrente[25].

É possível que uma mesma conduta do administrador possa violar os §§ 5.05 e 5.06. Nesse caso serão aplicáveis ambas as normas.

Quer o § 5.05, quer o § 5.06 regulam a actuação do administrador em benefício próprio. Todavia, a apropriação de oportunidades de negócio societárias e a concorrência em benefício de terceiro ou por intermédio de terceiro são igualmente proibidas, por força do § 5.08 e do § 1.03, que funcionam como normas de extensão. O § 5.08[26] estabelece que os administradores não podem investir capital de um associado, de uma forma que violaria os §§ 5.05 e 5.06. O conceito de associado é delimitado pelo § 1.03[27], incluindo

---

[24] Vide American Law Institute, *Principles...*, cit., p. 302.
[25] Vide American Law Institute, *Principles...*, cit., p. 303.
[26] O § 5.08 dos *Principles of Corporate Governance* tem a seguinte redacção:
"§ 5.08 Conduct on Behalf of Associates of Directors or Senior Executives
A director [§ 1.13] or senior executive [§ 1.33] fails to fulfill the duty of fair dealing to the corporation if the director or senior executive knowingly advances the pecuniary interest of an associate [§ 1.03] in a manner that would fail to comply with the provisions of this Chapters 2 had the director or senior executive acted for himself or herself."
[27] O § 1.03 dos *Principles of Corporate Governance* tem a seguinte redacção:
"§ 1.03 Associate
(a) "Associate" means:
(1) (A) The spouse (or a parent or sibling thereof) of a director [§ 1.13], senior executive [§ 1.33], or shareholder, or a child, grandchild, sibling, or parent (or the spouse of any thereof) of a director, senior executive, or

nomeadamente o cônjuge (e respectivos ascendentes em primeiro grau e irmãos), os descendentes em primeiro e segundo graus, os irmãos, os ascendentes em primeiro grau (bem como os respectivos cônjuges de qualquer destes), os co-residentes, os *trusts* ou patrimónios de que uma das referidas pessoas seja beneficiário substancial, e os *trusts*, patrimónios, incapazes e menores de que o administrador seja *fiduciary*. Tal conceito inclui ainda a pessoa (física ou colectiva) relativamente à qual o administrador tenha uma relação empresarial ou financeira que possa razoavelmente afectar a sua decisão de forma desfavorável para a sociedade. O § 1.03(b) estabelece a presunção de que uma pessoa colectiva, relativamente à qual o administrador possua mais de 10% do capital, constitui um associado.

---

shareholder, or an individual having the same home as a director, senior executive, or shareholder, or a trust or estate of which an individual specified in this Subsection (A) is a substantial beneficiary; or (B) a trust, estate, incompetent, conservatee, or minor of which a director, senior executive, or shareholder is a fiduciary; or

(2) A person [§ 1.28] with respect to whom a director, senior executive, or shareholder has a business, financial, or similar relationship that would reasonably be expected to affect the person`s judgment with respect to the transaction or conduct in question in a manner adverse to the corporation.

(b) Notwithstanding § 1.03(a)(2), a business organization [§ 1.04] is not an associate of a director, senior executive, or shareholder solely because the director, senior executive, or shareholder is a director or principal manager [§ 1.29] of the business organization. A business organization in which a director, senior executive, or shareholder is the beneficial or record holder of not more then 10 percent of any class of equity interest [§ 1.19] is not presumed to be an associate of the holder by reason of the holding, unless the value of the interest to the holder would reasonably be expected to affect the holder`s judgment with respect to the transaction in question in a manner adverse to the corporation. A business organization in which a director, senior executive, or shareholder is the beneficial or record holder (other than in a custodial capacity) of more then 10 percent of any class of equity interest is presumed to be an associate of the holder by reason of the holding, unless the value of the interest to the holder would not reasonably be expected to affect the holder`s judgment with respect to the transaction or conduct in question in a manner adverse to the corporation."

2.3. Consentimento

No que respeita ao exercício de actividade concorrente, alguma jurisprudência admite a autorização (consentimento prévio) ou a ratificação (consentimento posterior[28])[29].

É pacificamente admitida a apropriação de uma oportunidade de negócio societária em caso de autorização. Mas existe alguma controvérsia quanto aos termos dessa autorização. Parte da doutrina admite que a autorização seja conferida por administradores desinteressados[30]. Outra parte da doutrina adopta uma posição bastante restritiva em relação à admissibilidade de autorização[31], fazendo equivaler a autorização de apropriação de uma oportunidade de negócio societária a uma doação injustificada de património social (*gift without consideration*). De acordo com esta posição, seria necessário o consentimento unânime dos sócios. Quer a autorização por administradores desinteressados, quer a autorização pela colectividade dos sócios pode ser questionada em tribunal, com os argumentos de falta de cumprimento de deveres de esclarecimento pelos administradores, de aprovação por administradores que afinal não eram desinteressados ou de desperdício do património social.

Parte da doutrina não admite a ratificação da apropriação de oportunidades de negócio societárias[32]. Outra parte admite a rati-

---

[28] A expressão "ratificação" é aqui utilizada no sentido de consentimento posterior; não é utilizada no sentido de acto jurídico pelo qual uma pessoa aceita, na sua esfera jurídica, os efeitos de acto praticado em seu nome por terceiro, que não dispunha de poderes de representação.

[29] *Vide* Knepper, William, e Bailey, Dan, *Liability*..., cit., pp. 146-149, Brodsky, Edward, e Adamski, M. Patricia, *Law*..., cit., § 4.15, e American Law Institute, *Principles*..., cit., pp. 301-302.

[30] *Vide* Henn, Harry, e Alexander, John, *Laws*..., cit., p. 636, e Brodsky, Edward, e Adamski, M. Patricia, *Law*..., cit., § 4.11.

[31] *Vide* Brudney, Victor, e Clark, Robert Charles, "A new...", cit., pp. 1032--1036, e Clark, Robert Charles, *Corporate*..., cit., pp. 248-251.

[32] *Vide* as indicações constantes da nota anterior.

ficação pela colectividade dos sócios, sendo todavia possível uma posterior análise judicial[33].

No que respeita aos *Principles of Corporate Governance* e ao dever de não apropriação de oportunidades de negócio societárias, o § 5.05(a) estabelece três formas de consentimento (autorização ou ratificação), sendo que em todas é pressuposto o prévio cumprimento de um dever de esclarecimento pelo administrador, relativo à oportunidade de negócio societária e à situação de conflito de interesses. No § 5.05(a)(3)(B) é prevista a autorização ou a ratificação por administradores desinteressados, de uma forma que satisfaça a *business judgment rule*[34]. No § 5.05(a)(3)(C) é prevista a autorização ou a ratificação por accionistas desinteressados. Neste último caso exige-se ainda que o consentimento não constitua um "desper-

---

[33] *Vide* Henn, Harry, e Alexander, John, *Laws...*, cit., pp. 636-637, e Brodsky, Edward, e Adamski, M. Patricia, *Law...*, cit., § 4.11.

[34] A *business judgment rule* constitui uma regra jurisprudencial que tem como objectivo proceder a uma limitação da responsabilidade dos administradores. A *business judgment rule* é tradicionalmente decomposta em quatro aspectos, sendo que três são condições de aplicação da regra e o quarto é a regra em si. Em primeiro lugar, a *business judgment rule* apenas é aplicada caso seja tomada conscientemente uma decisão. A regra não é aplicada quando inexista um *decisionmaking process* e em casos de falta de vigilância. Em segundo lugar, a regra apenas se aplica se os administradores não tiverem um interesse pessoal financeiro ou pecuniário no mérito da decisão. Em terceiro lugar, a regra apenas se aplica se não for violado o dever de produzir um *reasonable decisionmaking process*, isto é, caso tenha sido violado o dever de obtenção de informação. Em quarto lugar, caso estejam reunidas as condições anteriores, o mérito da decisão não será analisado. Mais precisamente, não será analisada a razoabilidade substancial da decisão, restringindo-se a análise à sua racionalidade. Em conclusão, por força da *business judgment rule* não existe responsabilidade por *negligent substantive decisions*. A responsabilidade restringe-se a situações de negligência no *iter* decisional ou a decisões irracionais. Exige-se a obtenção de informação; não se exige a adequação da decisão. A *business judgment rule* é enunciada no § 4.01 dos *Principles of Corporate Governance*. *Vide*, na doutrina nacional, Silva, João Soares da, "Responsabilidade civil dos administradores de sociedades: os deveres gerais e os princípios da "corporate governance"", *Revista da Ordem dos Advogados*, 1997, pp. 624-626, e Nunes, Pedro Caetano, *Responsabilidade civil dos administradores perante os accionistas*, Coimbra, Almedina, 2001, pp. 23-26.

dício de património social". Trata-se do denominado *waste test*. No § 5.05(a)(2) e (3)(A) é prevista a autorização ou a ratificação por qualquer forma, exigindo-se que o administrador faça prova de que o consentimento é justo. Trata-se do denominado *fairness test*. A falta de resposta da sociedade por um período razoável será considerada equivalente a um consentimento[35].

Relativamente ao dever de não concorrência, o § 5.06(a) dos *Principles of Corporate Governance* estabelece duas formas de consentimento (autorização ou ratificação), já enunciadas a propósito do dever de não apropriação de oportunidades de negócio societárias. Novamente é pressuposto o prévio cumprimento de um dever de esclarecimento pelo administrador, relativo à concorrência e à situação de conflito de interesses. No § 5.06(a)(2) é prevista a autorização ou a ratificação por administradores desinteressados, de uma forma que satisfaça a *business judgment rule*. No § 5.06(a)(3) é prevista a autorização ou a ratificação por accionistas desinteressados, exigindo-se que não constitua um "desperdício de património social".

O § 5.09[36] dos *Principles of Corporate Governance* consagra a existência de *standards of the corporation*, possibilitando a dispensa

---

[35] *Vide* American Law Institute, *Principles...*, cit., p. 287.

[36] O § 5.09 dos *Principles of Corporate Governance* tem a seguinte redacção:
"§ 5.09 Effect of a Standard of the Corporation

If a director [§ 1.13] or senior executive [§ 1.33] acts in reliance upon a standard of the corporation [§ 1.36] that authorizes a director or senior executive either:

(a) Enter into a transaction with the corporation that is of a specified type and that could be expected to recur in the ordinary course of business of the corporation;

(b) Use corporate position or corporate property in a specified manner that is not unlawful and that could be expected to recur in the ordinary course of business of the corporation;

(c) Take advantage of a specified type of corporate opportunity of which the director or senior executive becomes aware other than (i) in connection with the performance of directorial or executive functions, or (ii) under circumstances that should reasonably lead the director or senior exe-

de consentimento para a apropriação de uma oportunidade de negócio societária ou para a concorrência. A definição de *standard of the corporation* consta do § 1.36[37]. Estas normas admitem a existência de cláusulas estatutárias ou de deliberações dos accionistas ou do conselho de administração, contendo autorizações genéricas para certas situações típicas de apropriação de uma oportunidade de negócio societária ou de concorrência. Exige-se a aprovação do *standard* por administradores ou accionistas desinteressados.

Em caso de concurso de aplicação dos §§ 5.05 e 5.06, o consentimento terá que respeitar a ambas as normas, sob pena de apenas ser parcialmente eficaz[38].

Acresce ainda que o consentimento para a apropriação de uma oportunidade de negócio societária poderá igualmente não ser totalmente eficaz, na medida em que a conduta do administrador envolva igualmente uma violação do dever de não utilização de informação privilegiada ou de património social[39], previsto no § 5.04 dos *Principles of Corporate Governance*.

---

cutive to believe that the person [§ 1.28] offering the opportunity expected it to be offered to the corporation, or (iii) through the use of corporate information or property; or

(d) Engage in competition of a specified type;

and the standard was authorized in advance by disinterested directors [§ 1.15] or disinterested shareholders [§ 1.16], following disclosure concerning the effect of the standard and the type of transaction or conduct intended to be covered by the standard, then the standard is to be deemed equivalent to an authorization of the action in advance by disinterested directors or shareholders under §§ 5.02 (Transactions with the Corporation), 5.03 (Compensation of Directors and Senior Executives), 5.04 (Use by a Director or Senior Executive of Corporate Property, Material Non-Public Corporate Information, or Corporate Position), 5.05 (Taking of Corporate Opportunities by Directors or Senior Executives), or 5.06 (Competition with the Corporation), as the case may be."

[37] O § 1.36 dos *Principles of Corporate Governance* tem a seguinte redacção:
"§ 1.36 Standard of the Corporation
"Standard of the corporation" means a valid certificate or bylaw provision or board of directors or shareholder resolution."

[38] *Vide* American Law Institute, *Principles...*, cit., pp. 286, 288 e 305.

[39] *Vide* American Law Institute, *Principles...*, cit., p. 288.

2.4. Consequências jurídicas

A violação dos deveres de não apropriação de oportunidades de negócio societárias e de não concorrência é geradora de responsabilidade civil.

Poderá ainda ser imposta ao administrador a entrega da oportunidade de negócio ou da actividade concorrente à sociedade, através da constituição de um *constructive trust*[40] a favor da sociedade[41]. As eventuais mais-valias obtidas através de esforços pessoais do administrador serão entregues à sociedade.

Nos *Principles of Corporate Governance*, a matéria de distribuição do ónus probatório por violação do dever de não apropriação de oportunidades de negócio societárias é regulada pelo § 5.05(c). O ónus de prova é atribuído à sociedade. Todavia, quando os factos em questão são essencialmente do conhecimento do administrador, o tribunal poderá impor ao administrador algum ónus probatório[42]. Em sede de violação do dever de não concorrência, o § 5.06(b) dos *Principles of Corporate Governance* igualmente atribui à sociedade o ónus probatório.

---

[40] Sobre a noção de *constructive trust*, vide Tomé, Maria João Vaz, e Campos, Diogo Leite de, *A propriedade fiduciária (trust) – estudo para a sua consagração no direito português*, Coimbra, Almedina, 1999, pp. 63-67, e Vasconcelos, Pedro Pais de, *Contratos atípicos*, Coimbra, Almedina, 1995, p. 270.

[41] *Vide* American Law Institute, *Principles...*, cit., pp. 305-307, Henn, Harry, e Alexander, John, *Laws...*, cit., pp. 629-630 e 637, Clark, Robert Charles, *Corporate...*, cit., p. 224, n. 1, e Brodsky, Edward, e Adamski, M. Patricia, *Law...*, cit., §§ 4.1 e 4.15.

[42] *Vide* American Law Institute, *Principles...*, cit., pp. 294-295.

3. DIREITO ALEMÃO

3.1. Dever de lealdade e boa fé

A situação jurídica dos directores (membros do *Vorstand*) de sociedades por acções (*Aktiengesellschaften*) é integrada por um dever de lealdade (*Treuepflicht*) para com a sociedade. Trata-se de um dever acessório de conduta, decorrente do princípio da boa fé (*Treu und Glauben*), consagrado genericamente no § 242 BGB[43].

Trata-se de um dever particularmente intenso, dado que a posição do director é diferente da posição de um normal parceiro

---

[43] *Vide* Timm, Wolfram, "Wettbewerbsverbot und "Geschäftschancen" – Lehre im Recht der GmbH", *GmbH Rundschau*, 1981, p. 179, Kübler, Friedrich, "Erwerbschancen und Organpflichten – Überlegungen zur Entwicklung der Lehre von den "corporate opportunities"", *Festschrift für Winfried Werner*, Berlin, New York, Walter de Gruyter, 1984, pp. 437-439, Weisser, Johannes, *Corporate opportunities: zum Schutz der Geschäftschancen des Unternehmens im deutschen und im US-amerikanischen Recht*, Köln, Berlin, Bonn, München, Carl Heymanns, 1991, pp. 131-132, Polley, Notkar, *Wettbewerbsverbot und Geschäftschancenlehre: eine Untersuchung am Beispiel der Geschäftsleitung von US-Corporation und deutscher GmbH.*, Baden-Baden, Nomos, 1992, pp. 85-87, Reinhardt, Andreas, *Interessenkonflikte bei der privaten Wahrnehmung von Geschäftschancen im US-amerikanischen und deutschen Gesellschaftsrecht*, Frankfurt am Main, Berlin, Bern, New York, Paris, Wien, Peter Lang, 1994, pp. 41-44, Mertens, Hans-Joachim, *Kölner Kommentar zum Aktiengesetz*, II, Köln, Berlin, Bonn, München, Carl Heymanns, 1996, § 93, Rn. 57, Hopt, Klaus, *Grosskommentar zum Aktiengesetz*, Berlin, New York, Walter de Gruyter, 1999, § 93, Rn. 72 e 144-145, Kübler, Friedrich, *Gesellschaftsrecht*, Heidelberg, Müller, 1999, p. 187, e Hüffer, Uwe, *Aktiengesetz*, München, Beck, 2002, § 84, Rn. 9.

contratual, na medida em que é gestor de um património alheio (*Verwalter fremden Vermögens*)[44].

O dever de lealdade tem por finalidade evitar conflitos de interesses entre a sociedade e o director. O dever de lealdade dos directores para com a sociedade pode ser decomposto num aspecto positivo e num aspecto negativo. De acordo com o aspecto positivo, os directores devem prosseguir o interesse social. Na perspectiva negativa, os directores não devem prosseguir interesses pessoais ou de terceiros, em detrimento do interesse social[45].

O dever de não concorrência e o dever de não apropriação de oportunidades de negócio societárias constituem concretizações do dever de lealdade[46].

3.2. Dever de não concorrência e dever de não apropriação de oportunidades de negócio societárias

Analisemos, em primeiro lugar, o dever de não concorrência e, em segundo lugar, o dever de não apropriação de oportunidades de negócio societárias. Por último, analisemos a relação entre o dever de não concorrência e o dever de não apropriação de oportunidades de negócio societárias.

---

[44] *Vide* Hopt, Klaus, *Grosskommentar...*, cit., § 93, Rn. 144-145, e Wiesner, Georg, *Münchener Handbuch des Gesellschaftsrechts*, IV, München, Beck, 1999, pp. 251 e 254. *Vide*, ainda, Polley, Notkar, *Wettbewerbsverbot...*, cit., p. 87.

[45] *Vide* Weisser, Johannes, *Corporate...*, cit., pp. 131-132, Hopt, Klaus, *Grosskommentar...*, cit., § 93, Rn. 145, e Wiesner, Georg, *Münchener...*, cit., p. 197.

[46] Neste sentido, Kübler, Friedrich, "Erwerbschancen...", cit., pp. 438-439, Mertens, Hans-Joachim, *Kölner...*, cit., § 88, Rn. 3 e 14, e § 93, Rn. 57 e 67, Hopt, Klaus, *Grosskommentar...*, cit., § 93, Rn. 164-167, Wiesner, Georg, *Münchener...*, cit., pp. 196-197 e 254, Schmidt, Karsten, *Gesellschaftsrecht*, Köln, Berlin, Bonn, München, Carl Heymanns, 2002, pp. 599 e 816, e Hüffer, Uwe, *Aktiengesetz*, cit., § 84, Rn. 9, e § 88, Rn. 1 e 3.

3.2.1. *Dever de não concorrência*

O dever de não concorrência dos directores de sociedades por acções é consagrado no § 88 AktG[47].

A primeira parte do § 88 I 1 AktG proíbe os directores de exercerem uma actividade comercial, ainda que não se trate de uma actividade concorrente com a actividade exercida pela sociedade[48].

O § 88 I 2 AktG proíbe os directores de serem directores, gerentes ou sócios de responsabilidade ilimitada de outra sociedade comercial, ainda que tal sociedade não exerça uma actividade concorrente[49]. É pacífico que os directores podem ser membros do conselho geral (*Aufsichtsrat*) de outra sociedade comercial. O § 88 AktG não proíbe os directores de serem sócios de uma sociedade sob forma civil, mas que exerça uma actividade comercial.

Por último, a segunda parte do § 88 I 1 AktG proíbe os directores de praticarem actos isolados de concorrência. Tal proibição abrange não apenas actos praticados por conta própria, mas também actos praticados por conta alheia. A mera prática de um acto que se insira no âmbito do objecto social estatutário não é proibida, exigindo-se um acto de concorrência relativamente à actividade social efectivamente exercida[50].

---

[47] O § 88 I 1 e 2 AktG tem a seguinte redacção:
"Die Vorstandsmitglieder dürfen ohne Einwilligung des Aufsichtsrats weder ein Handelsgewerbe betreiben noch im Geschäftszweig der Gesellschaft für eigene oder fremde Rechnung Geschäfte machen. Sie dürfen ohne Einwilligung auch nicht Mitglied des Vorstands oder Geschäftsführer oder persönlich haftender Gesellschafter einer anderen Handelsgewerbe sein."

Uma tradução da AktG, da autoria de Alberto Pimenta, pode ser consultada no Boletim do Ministério da Justiça, 175, pp. 303-383, 176, pp. 207-330, e 177, pp. 269-397.

[48] Neste sentido, Hefermehl, Wolfgang, *Aktiengesetz*, II, München, Franz Vahlen, 1974, § 88, Rn. 8, e Wiesner, Georg, *Münchener...*, cit., p. 214.

[49] Neste sentido, Hefermehl, Wolfgang, *Aktiengesetz*, cit., § 88, Rn. 14, e Wiesner, Georg, *Münchener...*, cit., p. 214.

[50] Neste sentido, Mertens, Hans-Joachim, *Kölner...*, cit., § 88, Rn. 9, e Hüffer, Uwe, *Aktiengesetz*, cit., § 88, Rn. 3. Considerando que a concorrência deve ser aferida pela actividade efectivamente exercida e não pelo objecto esta-

O § 88 AktG tem uma dupla finalidade[51]. Por um lado, impedir o desvio da força de trabalho dos directores. Por outro, evitar conflitos de interesses entre os directores e a sociedade.

Parte da doutrina considera que é possível não apenas descortinar uma dupla finalidade no § 88 AktG, mas também distinguir dois deveres[52]. Por um lado, um dever de colocação de toda a força de trabalho ao serviço da sociedade. Por outro, um dever de não concorrência. Tal dever de não concorrência é consagrado na segunda parte do § 88 I 1 AktG, ao proibir os directores de praticarem actos isolados de concorrência, por conta própria ou alheia[53]. Como foi referido *supra*, o dever de não concorrência constitui uma concretização do dever de lealdade. Para parte da doutrina, o dever de colocação de toda a força de trabalho ao serviço da sociedade não constitui uma concretização do dever de lealdade[54].

Por força da segunda parte do § 88 I 1 AktG, os directores de sociedades de investimento (*Kapitalanlagegesellschaften*) e de instituições de crédito (*Kreditinstituts*) estão proibidos de praticarem actos isolados de concorrência com a sociedade, através da realização de investimentos mobiliários[55].

Os membros do conselho geral (*Aufsichtsrat*) não se encontram onerados com um dever de não concorrência[56].

---

tutário, excepto se a sociedade ainda não estiver a exercer uma actividade, Hefermehl, Wolfgang, *Aktiengesetz*, cit., § 88, Rn. 11.

[51] *Vide* Hefermehl, Wolfgang, *Aktiengesetz*, cit., § 88, Rn. 1, Mertens, Hans-Joachim, *Kölner...*, cit., § 88, Rn. 2, Abeltshauser, Thomas E., *Leitungshaftung im Kapitalgesellschaftsrecht: Zu den Sorgfalts- und Loyalitätspflichten von Unternehmensleitern im deutschen und im US-amerikanischen Kapitalgesellschaftsrecht*, Köln, Berlin, Bonn, München, Carl Heymanns, 1998, pp. 362-363, Wiesner, Georg, *Münchener...*, cit., p. 214, e Hüffer, Uwe, *Aktiengesetz*, cit., § 88, Rn. 1.

[52] Neste sentido, Mertens, Hans-Joachim, *Kölner...*, cit., § 88, Rn. 6, e Hüffer, Uwe, *Aktiengesetz*, cit., § 88, Rn. 1.

[53] Neste sentido, Hüffer, Uwe, *Aktiengesetz*, cit., § 88, Rn. 1. *Vide*, ainda, Hefermehl, Wolfgang, *Aktiengesetz*, cit., § 88, Rn. 1.

[54] Neste sentido, Hüffer, Uwe, *Aktiengesetz*, cit., § 88, Rn. 1.

[55] Neste sentido, Hefermehl, Wolfgang, *Aktiengesetz*, cit., § 88, Rn. 9 e 12.

[56] *Vide* Hopt, Klaus, *Grosskommentar...*, cit., § 93, Rn. 147.

3.2.2. Dever de não apropriação de oportunidades de negócio societárias

O dever de não apropriação de oportunidades de negócio societárias (*Verbot Geschäftschancen der Gesellschaft an sich zu ziehen*) constitui uma criação doutrinária, na sequência da recepção da doutrina das oportunidades de negócio societárias (*Geschäftschancenlehre*) norte-americana. Tal recepção deve-se essencialmente a Mestmäcker e a Immenga, que publicaram estudos sobre esta matéria, respectivamente, em 1958 e 1970. Na doutrina germânica mais recente são frequentemente citados os ensinamentos de Victor Brudney e Robert Clark e os *Principles of Corporate Governance* (bem como os seus projectos).

O dever de não apropriação de oportunidades de negócio societárias encontra-se consagrado em termos genéricos no Ziff. 4.3.3 do Deutscher Corporate Governance Kodex[57]. O Kodex não constitui uma lei[58]. Trata-se de *soft law*.

A doutrina das oportunidades de negócio societárias é objecto de ampla consagração jurisprudencial[59].

A doutrina germânica enuncia diversos grupos de casos de aplicação do dever de não apropriação de oportunidades de negócio societárias.

---

[57] A versão originária do Kodex é datada de 26 de Fevereiro de 2002. A actual é datada de 21 de Maio de 2003.
O Ziff. 4.3.3 do Kodex tem a seguinte redacção:
"Die Vorstandsmitglieder sind dem Unternehmensinteresse verpflichtet. Kein Mitglied des Vorstands darf bei seinen Entscheidungen persönliche Interessen verfolgen und Geschäftschancen, die dem Unternehmen zustehen, für sich nutzen."

[58] *Vide* Cordeiro, António Menezes, *Manual de direito das sociedades*, I, Coimbra, Almedina, 2004, pp. 696-697.

[59] São nomeadamente citadas pela doutrina decisões do BGH de 8.5.1967, de 11.1.1971, de 11.10.1976 e de 10.3.1983. *Vide* as seguintes decisões, igualmente citadas pela doutrina: BGH 23.9.85, BB 1986, 90; e BGH 8.5.89, BB 1989, 1430. A penúltima decisão trata da utilização em proveito próprio e do registo de patente de uma inovação industrial (um novo "Druckmittelzylinder"), inovação essa relevante para o desenvolvimento da actividade da sociedade. A última

O dever de não apropriação de oportunidades de negócio societárias incidirá não apenas sobre as oportunidades de negócio que se insiram no âmbito da actividade efectivamente exercida pela sociedade, mas igualmente sobre as oportunidades de negócio que se insiram no âmbito da actividade exercida por sociedades do mesmo grupo[60]. A constituição ou a aquisição de uma empresa concorrente ou a aquisição de uma participação numa empresa concorrente são igualmente proibidas[61].

O dever de não apropriação abrangerá oportunidades relativas a actividades adjacentes ou sucessivas em relação à actividade exercida pela sociedade. Abrangerá igualmente as oportunidades de aquisição de participações em fornecedores ou clientes da sociedade[62]. Está em causa a possibilidade de extensão e de diversificação da actividade social[63].

Existirá também um dever de não apropriação de oportunidades de negócio societárias em caso de propostas dirigidas à sociedade ou dirigidas ao administrador atendendo ao seu cargo. O mesmo acontecerá se a sociedade já tiver participado em negociações ou se já tiver exteriorizado um interesse no negócio[64].

---

decisão trata da aquisição de um terreno, existindo prévias negociações realizadas em nome da sociedade.

[60] *Vide* Weisser, Johannes, *Corporate...*, cit., pp. 149-150, e Mertens, Hans-Joachim, *Kölner...*, cit., § 93, Rn. 67.

[61] *Vide* Weisser, Johannes, *Corporate...*, cit., pp. 153-155.

[62] *Vide* Weisser, Johannes, *Corporate...*, cit., pp. 155-156.

[63] *Vide* Timm, Wolfram, "Wettbewerbsverbot...", cit., p. 181, Schiessl, Maximilian, "Die Wahrnehmung von Geschäftschancen der GmbH durch ihren Geschäftsführer", *GmbH Rundschau*, 1988, p. 54, Kübler, Friedrich, e Waltermann, Jens, "Geschäftschancen der Kommanditgesellschaft", *Zeitschrift für Unternehmens- und Gesellschaftsrecht*, 1991, p. 170, Weisser, Johannes, *Corporate...*, cit., pp. 150-160, Reinhardt, Andreas, *Interessenkonflikte...*, cit., pp. 121--122, Abeltshauser, Thomas E., *Leitungshaftung...*, cit., pp. 367-369 e 379-381, e Hopt, Klaus, *Grosskommentar...*, cit., § 93, Rn. 168. *Vide*, ainda, Merkt, Hanno, "Unternehmensleitung und Interessenkollision", *Zeitschrift für das gesamte Handelsrecht und Wirtschaftsrecht*, 1995, pp. 441-442.

[64] *Vide* Timm, Wolfram, "Wettbewerbsverbot...", cit., pp. 180-181, Kübler, Friedrich, "Erwerbschancen...", cit., p. 439, Schiessl, Maximilian, "Die

O dever de não apropriação surgirá nas situações em que, em geral, existe utilização de informação privilegiada[65]. As situações em que existem reflexões internas ou planos relativos ao exercício de determinada actividade podem gerar um dever de não apropriação de oportunidades de negócio societárias. Estão também incluídas situações em que é conferido a um director um "mandato" especial para o desenvolvimento de determinado projecto. As oportunidades surgidas por força do desenvolvimento do projecto pertencerão à sociedade[66]. O dever de não apropriação abrangerá ainda os casos de utilização de recursos (pessoal e meios financeiros) da sociedade para a obtenção da oportunidade de negócio[67].

É igualmente referida a possibilidade de a sociedade ter um interesse concreto em determinado negócio, oferecendo-se como

---

Wahrnehmung...", cit., pp. 53-54, Kübler, Friedrich, e Waltermann, Jens, "Geschäftschancen...", cit., p. 168, Weisser, Johannes, *Corporate...*, cit., pp. 166-167 e 170-171, Polley, Notkar, *Wettbewerbsverbot...*, cit., pp. 132-135, Reinhardt, Andreas, *Interessenkonflikte...*, cit., pp. 116-118, Merkt, Hanno, "Unternehmensleitung...", cit., p. 439, Mertens, Hans-Joachim, *Kölner...*, cit., § 93, Rn. 67, Hopt, Klaus, *Grosskommentar...*, cit., § 93, Rn. 169, e Schmidt, Karsten, *Gesellschaftsrecht*, cit., p. 600.

[65] *Vide* Schiessl, Maximilian, "Die Wahrnehmung...", cit., p. 54, Kübler, Friedrich, e Waltermann, Jens, "Geschäftschancen...", cit., p. 168, Weisser, Johannes, *Corporate...*, cit., pp. 167-168 e 170-171, Polley, Notkar, *Wettbewerbsverbot...*, cit., pp. 132-135, Reinhardt, Andreas, *Interessenkonflikte...*, cit., p. 117, e Abeltshauser, Thomas E., *Leitungshaftung...*, cit., p. 379.

[66] *Vide* Weisser, Johannes, *Corporate...*, cit., pp. 167-169, e Hopt, Klaus, *Grosskommentar...*, cit., § 93, Rn. 169.

[67] *Vide* Schiessl, Maximilian, "Die Wahrnehmung...", cit., p. 54, Kübler, Friedrich, e Waltermann, Jens, "Geschäftschancen...", cit., p. 168, Polley, Notkar, *Wettbewerbsverbot...*, cit., pp. 132-135, e Abeltshauser, Thomas E., *Leitungshaftung...*, cit., p. 379. Em sentido divergente, com fundamento na impossibilidade de transposição do pensamento anglo-saxónico do *trust*, Weisser, Johannes, *Corporate...*, cit., pp. 172-173, e Reinhardt, Andreas, *Interessenkonflikte...*, cit., pp. 122-123. Estes dois últimos Autores são criticados pelo facto de a aceitação deste grupo de casos (e do subjacente critério de atribuição da oportunidade de negócio à sociedade) não implicar necessariamente uma transposição do pensamento do *trust*.

exemplo a aquisição pelo director de um terreno contíguo às instalações fabris da sociedade, quando a sociedade pretendia ampliar tais instalações fabris[68].

Por forma a melhor descrever o dever de não apropriação de oportunidades de negócio societárias, a par da enunciação de grupos de casos, parte da doutrina oferece igualmente critérios de atribuição de oportunidades de negócio à sociedade. São enunciados dois critérios[69]. Um critério formal, de atribuição de oportunidades de negócio à sociedade em virtude de circunstâncias exteriores (*Zuordnung kraft äusserer Umstände*) ou de expectativas concretas (*Zuordnung kraft konkreter Erwartung*). Um critério material, de atribuição em virtude da espécie de oportunidade de negócio (*Zuordnung nach Art der Geschäftschance*) ou do contexto material (*Zuordnung kraft Sachzusammenhangs*). O critério formal cobriria essencialmente os casos de conhecimento da oportunidade em função do cargo, de existência de negociações prévias com a sociedade, de uso de informação privilegiada e de uso de recursos (pessoal e meios financeiros) da sociedade. O critério material compreenderia os casos de negócios que se insiram no âmbito da actividade efectivamente exercida pela sociedade ou por uma sociedade do grupo e os negócios que impliquem uma extensão ou diversificação da actividade social.

---

[68] *Vide* Timm, Wolfram, "Wettbewerbsverbot...", cit., p. 181, Weisser, Johannes, *Corporate*..., cit., pp. 156-160 (que considera estar em causa a prática de um acto que se insere no âmbito da actividade efectivamente exercida pela sociedade), Polley, Notkar, *Wettbewerbsverbot*..., cit., pp. 126-128, Merkt, Hanno, "Unternehmensleitung...", cit., p. 439, Mertens, Hans-Joachim, *Kölner*..., cit., § 93, Rn. 67, Abeltshauser, Thomas E., *Leitungshaftung*..., cit., pp. 375-377, Hopt, Klaus, *Grosskommentar*..., cit., § 93, Rn. 168, e Hüffer, Uwe, *Aktiengesetz*, cit., § 88, Rn. 3.

[69] *Vide* Kübler, Friedrich, e Waltermann, Jens, "Geschäftschancen...", cit., pp. 168-171, Weisser, Johannes, *Corporate*..., cit., pp. 142-174, e Merkt, Hanno, "Unternehmensleitung...", cit., pp. 438-442. *Vide*, ainda, Polley, Notkar, *Wettbewerbsverbot*..., cit., pp. 132-141, e Abeltshauser, Thomas E., *Leitungshaftung*..., cit., pp. 378-381.

A violação do dever de não apropriação de oportunidades de negócio societárias tanto ocorre em caso de apropriação pessoal, como em caso de apropriação através de terceiros[70].

A alegação de incapacidade financeira da sociedade para utilizar a oportunidade de negócios não afasta o dever de não apropriação de oportunidades de negócio societárias[71]. Já a existência de obstáculos legais à utilização da oportunidade pela sociedade é, para parte da doutrina, fundamento de afastamento do dever de não apropriação de oportunidades de negócio societárias[72].

Para parte da doutrina, caso a sociedade não queira ou não possa utilizar uma oportunidade de negócio societária, poderá ainda assim a apropriação pelo director ser proibida, por força do dever de não concorrência[73].

É entendimento doutrinário que, nas situações de atribuição de oportunidades de negócio à sociedade em virtude de circunstâncias exteriores (critério formal) estão igualmente onerados com o dever de não apropriação de oportunidades de negócio societárias

---

[70] Neste sentido, Mertens, Hans-Joachim, *Kölner...*, cit., § 93, Rn. 67, Hopt, Klaus, *Grosskommentar...*, cit., § 93, Rn. 172, e Wiesner, Georg, *Münchener...*, cit., p. 254.

[71] Neste sentido, Timm, Wolfram, "Wettbewerbsverbot...", cit., p. 183, Kübler, Friedrich, e Waltermann, Jens, "Geschäftschancen...", cit., pp. 170-171, Weisser, Johannes, *Corporate...*, cit., pp. 228-230, Polley, Notkar, *Wettbewerbsverbot...*, cit., pp. 143-145, Reinhardt, Andreas, *Interessenkonflikte...*, cit., pp. 140-143, Merkt, Hanno, "Unternehmensleitung...", cit., pp. 443-444, Mertens, Hans-Joachim, *Kölner...*, cit., § 93, Rn. 67, e Hopt, Klaus, *Grosskommentar...*, cit., § 93, Rn. 171 (quanto a este último Autor, excepto em caso de insuperabilidade do obstáculo). Contra, Schiessl, Maximilian, "Die Wahrnehmung...", cit., p. 55.

[72] Neste sentido, Kübler, Friedrich, e Waltermann, Jens, "Geschäftschancen...", cit., pp. 170-171, e Polley, Notkar, *Wettbewerbsverbot...*, cit., p. 145.

[73] *Vide* Kübler, Friedrich, e Waltermann, Jens, "Geschäftschancen...", cit., pp. 173-174, e Hopt, Klaus, *Grosskommentar...*, cit., § 93, Rn. 167. Repare-se que estes Autores defendem que o dever de não concorrência não é uma mera manifestação do dever de não apropriação de oportunidades de negócio societárias (*vide* a nota 76).

os membros do conselho geral (*Aufsichtsrat*)[74]. Refira-se que o Ziff. 5.5.1 do Deutscher Corporate Governance Kodex estabelece um dever de não apropriação de oportunidades de negócio societárias a cargo dos membros do conselho geral de uma forma genérica[75].

3.2.3. *Distinção entre os deveres*

Existe uma zona de sobreposição entre o dever de não concorrência e o dever de não apropriação de oportunidades de negócio societárias. A prática de um acto isolado de concorrência poderá constituir quer uma violação do dever de não concorrência, quer uma violação do dever de não apropriação de oportunidades de negócio societárias.

Existe alguma controvérsia doutrinária sobre se o dever de não concorrência constitui uma mera manifestação, um caso parcelar ou especial do dever de não apropriação de oportunidades de negócio societárias ou se, pelo contrário, tem autonomia[76].

---

[74] Neste sentido, Kübler, Friedrich, e Waltermann, Jens, "Geschäftschancen...", cit., pp. 168-171, Weisser, Johannes, *Corporate...*, cit., pp. 181-186, Polley, Notkar, *Wettbewerbsverbot...*, cit., p. 110, e Reinhardt, Andreas, *Interessenkonflikte...*, cit., pp. 129-131.

[75] O Ziff. 5.5.1 do Kodex tem a seguinte redacção:

"Jedes Mitglied des Aufsichtsrat ist dem Unternehmensinteresse verpflichtet. Es darf bei seinen Entscheidungen weder persönliche Interessen verfolgen noch Geschäftschancen, die dem Unternehmen zustehen, für sich nutzen."

[76] No sentido de que o dever de não concorrência é uma mera manifestação do dever de não apropriação de oportunidades de negócio societárias, Timm, Wolfram, "Wettbewerbsverbot...", cit., p. 177, Kübler, Friedrich, "Erwerbschancen...", cit., p. 440, Schiessl, Maximilian, "Die Wahrnehmung...", cit., p. 53, Weisser, Johannes, *Corporate...*, cit., pp. 147-149, Merkt, Hanno, "Unternehmensleitung...", cit., pp. 448-450, Reinhardt, Andreas, *Interessenkonflikte...*, cit., pp. 119-120, e Abeltshauser, Thomas E., *Leitungshaftung...*, cit., pp. 373-381. No sentido de que existe autonomia, Kübler, Friedrich, e Waltermann, Jens, "Geschäftschancen...", cit., pp. 163-174, Hopt, Klaus, "Self-dealing and use of corporate opportunity and information: regulating directors` conflicts of interest", *Corporate governance and directors` liabilities*, Berlin, New York, Walter de

3.3. Consentimento

O § 88 I 3 AktG[77] atribui ao conselho geral (*Aufsichtsrat*) a competência para a autorização (consentimento prévio, *Einwilligung, vorherige Zustimmung*) da prática de actos de concorrência pelos directores (membros do *Vorstand*).
Esta regra é aplicável por analogia ao dever de não apropriação de oportunidades de negócio societárias[78].
A autorização não pode ser genérica ou em branco. A norma apenas admite uma autorização pontual, referente à prática de determinado acto, de determinada actividade ou de determinada espécie de actos.
Os estatutos podem limitar o dever de não concorrência, desde que sejam estabelecidos pressupostos específicos[79].

Gruyter, 1985, pp. 300-301, Polley, Notkar, *Wettbewerbsverbot...*, cit., pp. 100, 106-119, 126 e 181-185 (este Autor restringe a recepção da *corporate opportunities doctrine* no que respeita aos casos de prática de um acto de concorrência, casos que entende estarem salvaguardados pelo dever de não concorrência, que inclusivamente terá a vantagem comparativa de oferecer uma tutela preventiva), e Hopt, Klaus, *Grosskommentar...*, cit., § 93, Rn. 165 e 167.

[77] O § 88 I 3 AktG tem a seguinte redacção:
"Die Einwilligung des Aufsichtsrats kann nur für bestimmte Handelsgewerbe oder Handelsgesellschaften oder für bestimmte Arten von Geschäften erteilt werde."

[78] Neste sentido, Kübler, Friedrich, "Erwerbschancen...", cit., pp. 440 e 447, Schiessl, Maximilian, "Die Wahrnehmung...", cit., pp. 55-56, Weisser, Johannes, *Corporate...*, cit., pp. 207-209 e 212-215, Merkt, Hanno, "Unternehmensleitung...", cit., pp. 444-446, Mertens, Hans-Joachim, *Kölner...*, cit., § 93, Rn. 67, Abeltshauser, Thomas E., *Leitungshaftung...*, cit., p. 381, Hopt, Klaus, *Grosskommentar...*, cit., § 93, Rn. 167, Wiesner, Georg, *Münchener...*, cit., p. 254, e Thümmel, Roderich, *Persönliche Haftung von Managern und Aufsichtsräten*, Stuttgart, München, Hannover, Berlin, Weimar, Dresden, Richard Boorberg, 2003, p. 100.

[79] Neste sentido, Mertens, Hans-Joachim, *Kölner...*, cit., § 88, Rn. 12. *Vide*, ainda, Hefermehl, Wolfgang, *Aktiengesetz*, cit., § 88, Rn. 17 e 20, e Wiesner, Georg, *Münchener...*, cit., p. 214. Relativamente ao dever de não apropriação de oportunidades de negócios, *vide* Weisser, Johannes, *Corporate...*, cit., pp. 224--228. Este último Autor defende igualmente a admissibilidade de deliberações

Os directores que solicitem ao conselho geral uma autorização têm um dever de esclarecimento sobre todas as circunstâncias relevantes, nomeadamente sobre o conflito de interesses e o acto de concorrência ou a oportunidade de negócio[80].

Não é admissível a ratificação (consentimento posterior, *Genehmigung; nachträgliche Zustimmung*[81]) pelo conselho geral, dadas as limitações de renúncia à indemnização consagradas no § 93 IV 2 AktG[82].

3.4. Consequências jurídicas

Quanto aos remédios, em caso de violação do dever de não concorrência, o § 88 II AktG consagra a possibilidade de opção (concurso electivo) por uma de duas pretensões – o direito à reparação dos danos (*Schadensersatzanspruch*) e o tradicionalmente denominado direito de entrada (*Eintrittsrecht*). O direito à reparação dos danos compreende os danos emergentes e os lucros cessantes[83]. O direito de entrada constitui na realidade um mero direito à restituição dos lucros (*Gewinnherausgabe*)[84]. De acordo com este remé-

---

sociais ou de práticas empresariais limitativas do dever de não apropriação, relativamente a determinadas espécies de oportunidades de negócio.

[80] Neste sentido, Timm, Wolfram, "Wettbewerbsverbot...", cit., p. 183, Weisser, Johannes, *Corporate...*, cit., pp. 205-207, Polley, Notkar, *Wettbewerbsverbot...*, cit., p. 152, e Abeltshauser, Thomas E., *Leitungshaftung...*, cit., p. 372.

[81] Sobre o sentido da expressão "ratificação", vide a nota 28.

[82] Neste sentido, Hefermehl, Wolfgang, *Aktiengesetz*, cit., § 88, Rn. 19, Weisser, Johannes, *Corporate...*, cit., pp. 207-209, Mertens, Hans-Joachim, *Kölner...*, cit., § 88, Rn. 12, Abeltshauser, Thomas E., *Leitungshaftung...*, cit., p. 363 e 372, Hopt, Klaus, *Grosskommentar...*, cit., § 93, Rn. 167, Wiesner, Georg, *Münchener...*, cit., pp. 214-215, e Hüffer, Uwe, *Aktiengesetz*, cit., § 88, Rn. 5.

[83] *Vide* Hefermehl, Wolfgang, *Aktiengesetz*, cit., § 88, Rn. 22-23.

[84] *Vide* Hefermehl, Wolfgang, *Aktiengesetz*, cit., § 88, Rn. 24-28, Mertens, Hans-Joachim, *Kölner...*, cit., § 88, Rn. 14 e 21, Wiesner, Georg, *Münchener...*, cit., p. 215, Schmidt, Karsten, *Gesellschaftsrecht*, cit., p. 816, Hüffer, Uwe, *Aktiengesetz*, cit., § 88, Rn. 7-8, Merkt, Hanno, "Unternehmensleitung...", cit., pp. 447-448, e Reinhardt, Andreas, *Interessenkonflikte...*, cit., pp. 183-188.

dio, a sociedade tem direito à obtenção dos lucros realizados pelo director através do negócio concorrente. O director manterá a sua posição negocial, ficando o negócio concorrente por conta da sociedade. Através do direito de entrada a sociedade não se pode substituir ao director no negócio concorrente, nem exigir a transmissão da posição negocial do director no negócio concorrente. Não se trata de um direito com eficácia perante terceiros – os parceiros contratuais do director.

A violação do dever de não apropriação de oportunidades de negócio societárias é geradora do direito à reparação dos danos, por força do disposto no § 93 II 1 AktG[85]. O direito de entrada previsto no § 88 II AktG é aplicável por analogia à violação do dever de não apropriação de oportunidades de negócio societárias[86].

No que respeita ao direito à reparação dos danos e por força do § 249 BGB, é admissível a reconstituição natural[87]. Assim, no caso de aquisição pelo director de um terreno contíguo às instalações fabris da sociedade, poderá ser imposta ao director a transmissão do terreno para a sociedade.

O § 93 II 2 AktG[88], relativo à distribuição do ónus de alegação/prova, é aplicável quer em matéria de violação do dever de não

---

[85] Vide Weisser, Johannes, *Corporate*..., cit., p. 233, e Merkt, Hanno, "Unternehmensleitung...", cit., p. 446. Vide, ainda, Schiessl, Maximilian, "Die Wahrnehmung...", cit., p. 56, e Polley, Notkar, *Wettbewerbsverbot*..., cit., pp. 159-160.

[86] Neste sentido, Kübler, Friedrich, "Erwerbschancen...", cit., pp. 440-441, Weisser, Johannes, *Corporate*..., cit., p. 234-245, Merkt, Hanno, "Unternehmensleitung...", cit., p. 447, e Thümmel, Roderich, *Persönliche*..., cit, p. 100. Vide, ainda, Schiessl, Maximilian, "Die Wahrnehmung...", cit., p. 56, Polley, Notkar, *Wettbewerbsverbot*..., cit., pp. 165-166, e Reinhardt, Andreas, *Interessenkonflikte*..., cit., pp. 183-184.

[87] Vide Kübler, Friedrich, e Waltermann, Jens, "Geschäftschancen...", cit., p. 172, Weisser, Johannes, *Corporate*..., cit., p. 233, Merkt, Hanno, "Unternehmensleitung...", cit., pp. 446-447, e Reinhardt, Andreas, *Interessenkonflikte*..., cit., p. 182.

[88] O § 93 II 2 AktG tem a seguinte redacção:
"Ist streitig, ob sie die Sorgfalt eines ordentlichen und gewissenhaften Geschäftsleiters angewandt haben, so trifft sie die Beweislast."

concorrência[89], quer em matéria de violação do dever de não apropriação de oportunidades de negócio societárias. Esta norma realiza uma inversão do ónus de alegação/prova. Tal inversão do ónus de alegação/prova não respeita apenas à culpa, mas também à ilicitude. É entendimento doutrinário que a sociedade tem o ónus de prova indiciária da acção/omissão violadora do dever, do dano e do nexo de causalidade. O director tem que provar que não existe ilicitude, culpa, ou que os danos teriam sido causados ainda que tivesse agido adequadamente[90]. No caso de exercício do direito de entrada, a sociedade tem igualmente o ónus de alegação/prova do lucro do director[91].

Por força do § 84 III AktG, a violação grave dos seus deveres constitui justa causa de destituição (*Widerruf der Bestellung*) do director. A violação grave dos seus deveres será igualmente justa causa de despedimento (*Kündigung der Anstellung*) do director. A violação do dever de não concorrência constituirá justa causa de destituição e de despedimento[92]. O mesmo sucede com o dever de não apropriação de oportunidades de negócio societárias[93]. Repare-se que as violações do dever de lealdade geram uma quebra da relação de confiança entre o director e a sociedade.

---

[89] Neste sentido, Hefermehl, Wolfgang, *Aktiengesetz*, cit., § 88, Rn. 22, Mertens, Hans-Joachim, *Kölner*..., cit., § 88, Rn. 14 e 18, e Hüffer, Uwe, *Aktiengesetz*, cit., § 88, Rn. 6.

[90] *Vide* Mertens, Hans-Joachim, *Kölner*..., cit., § 93, Rn. 100-109, Hopt, Klaus, *Grosskommentar*..., cit., § 93, Rn. 276-290, Wiesner, Georg, *Münchener*..., cit., p. 281, Hüffer, Uwe, *Aktiengesetz*, cit., § 88, Rn. 6, e § 93, Rn. 16, e Paefgen, Walter, *Unternehmerische Entscheidungen und Rechtsbindung der Organe in der AG*, Köln, Otto Schmidt, 2002, pp. 245-251.

[91] *Vide* Mertens, Hans-Joachim, *Kölner*..., cit., § 88, Rn. 18.

[92] Neste sentido, Hefermehl, Wolfgang, *Aktiengesetz*, cit., § 88, Rn. 29, e Schiessl, Maximilian, "Die Wahrnehmung...", cit., p. 56. *Vide*, ainda, Hüffer, Uwe, *Aktiengesetz*, cit., § 84, Rn. 24 e 38-40.

[93] Neste sentido, Kübler, Friedrich, "Erwerbschancen...", cit., p. 441, Schiessl, Maximilian, "Die Wahrnehmung...", cit., p. 56, Weisser, Johannes, *Corporate*..., cit., pp. 247-248, e Polley, Notkar, *Wettbewerbsverbot*..., cit., pp. 173-175.

4. DIREITO PORTUGUÊS

4.1. Dever de lealdade e boa fé

A situação jurídica dos administradores (isto é, dos administradores, em sentido estrito, e dos directores) de sociedades anónimas é integrada por um dever de lealdade para com a sociedade.

Trata-se de um dever acessório de conduta[94]. Tal dever de lealdade decorre do princípio da boa fé, consagrado genericamente, relativamente ao cumprimento das obrigações, no art. 762.º/2 CC[95].

Em sede de redução dogmática da regra de conduta da boa fé, Menezes Cordeiro fundamenta a imposição de deveres acessórios de conduta essencialmente no princípio da tutela da confiança[96].

---

[94] Sobre deveres acessórios de conduta, *vide*, essencialmente, Cordeiro, António Menezes, *Da boa fé no direito civil*, Coimbra, Almedina, 1997, pp. 586--631, Pinto, Carlos Mota, *Cessão da posição contratual*, Coimbra, Almedina, 2003, pp. 335-356, e Varela, João Antunes, *Das obrigações em geral*, I, Coimbra, Almedina, 1991, pp. 123-130.

[95] Esta norma tem uma função fundamentadora de deveres jurídicos. *Vide* Frada, Manuel Carneiro da, *Teoria da confiança e responsabilidade civil*, Coimbra, Almedina, 2004, p. 437.

[96] *Vide* Cordeiro, António Menezes, *Da boa fé...*, cit., pp. 554, 616, 651, 1244-1248 e 1291, e Cordeiro, António Menezes, *Tratado de direito civil português*, I, tomo I, Coimbra, Almedina, 2000, pp. 231-239. Analogamente, Pinto, Carlos Mota, *Cessão...*, cit., pp. 339, Leitão, Luís Menezes, *A responsabilidade do gestor perante o dono do negócio no direito civil português*, Lisboa, Centro de Estudos Fiscais, 1991, pp. 353-359, Vasconcelos, Pedro Pais de, *Contratos...*, cit., pp. 397-416, e Albuquerque, Pedro de, "Da prestação de garantias por sociedades comerciais a dívidas de outras entidades", *Revista da Ordem dos Advogados*, 1997, pp. 118-122.

A imposição em concreto de deveres acessórios de conduta dependerá assim da verificação dos pressupostos da tutela da confiança, a saber: situação de confiança, justificação da confiança, investimento de confiança e imputação da situação de confiança[97].

Diversamente, Carneiro de Frada considera que os deveres acessórios de conduta impostos pela boa fé não têm fundamento no princípio da tutela da confiança[98]. Concebe a regra de conduta de boa fé como uma realidade de conteúdo multipolar, incorporando uma pluralidade muito rica de valores. Define o cerne da regra da conduta de boa fé como *civiliter agere*, como comportamento correcto, leal ou honesto, acentuando o seu carácter ético-jurídico. Considera que os deveres acessórios de conduta constituem imposições de correcção, razoabilidade e lealdade, que se fundamentam em si e por si, sem recurso ao pensamento da confiança[99].

Uma tomada de posição nesta querela doutrinária extravasa o âmbito deste estudo. Limitamo-nos a realçar que, independentemente da posição que se adopte, é pacífica a oneração dos administradores com um dever de lealdade.

---

[97] Sobre os pressupostos de tutela da confiança, *vide*, essencialmente, Cordeiro, António Menezes, *Da boa fé...*, cit., pp. 1248-1249, Cordeiro, António Menezes, *Tratado...*, cit., pp. 234-238, e Machado, João Baptista, "Tutela da confiança e "venire contra factum proprium"", *Obra dispersa*, I, Braga, Scientia Iuridica, 1991, pp. 410-419.

[98] *Vide* Frada, Manuel Carneiro da, *Teoria da confiança...*, cit., pp. 381-466.

[99] O Autor admite que na conformação dos deveres acessórios podem pesar as expectativas das partes. Mas considera que a responsabilidade em causa não decorre da frustração dessas expectativas, mas sim da infracção dos ditames de correcção ou razoabilidade de conduta interpretados à luz dessas expectativas. O Autor admite ainda que certas imposições de comportamento decorrentes da boa fé cessem quando se demonstre não serem efectivamente acalentadas expectativas. Mas reitera que a tutela de expectativas não constitui o fundamento dos deveres acessórios. O Autor oferece a noção de relação de (especial) confiança ou fiduciária, como aquela em que os deveres de conduta são especialmente qualificados. Mas reitera novamente que a protecção da confiança não constitui o fundamento dos deveres acessórios. *Vide* Frada, Manuel Carneiro da, *Teoria da confiança...*, cit., pp. 454-457, 474-479 e 544-559.

Os requisitos da tutela da confiança verificam-se na relação entre os administradores e a sociedade. Verificam-se, aliás, de forma típica, sendo possível um discurso abstracto. Vejamos. A sociedade coloca a gestão do seu património e dos seus interesses nas mãos dos seus administradores (situação de confiança e investimento de confiança). Fá-lo seguramente na convicção de que os administradores actuarão na defesa do interesse da sociedade, não prosseguindo os seus interesses pessoais em detrimento do interesse da sociedade (justificação da confiança). Os administradores aceitam exercer tais funções, em consonância com as expectativas criadas quanto à defesa do interesse da sociedade (imputação da situação de confiança). A sociedade remunera os administradores (investimento de confiança). Os administradores aceitam tal remuneração (imputação da situação de confiança).

Do ponto de vista da posição doutrinária que nega a recondução dos deveres acessórios de conduta ao princípio da tutela da confiança, é forçoso concluir que a posição como gestor de um património e de interesses alheios justifica a imposição ético-jurídica de um dever de lealdade.

É nosso entendimento que a relação jurídica entre os administradores e a sociedade é uma relação fiduciária *lato sensu*[100]. A posição dos administradores como gestores de um património alheio diferencia-os de um normal parceiro contratual. Os administradores são investidos numa posição de poder, sendo-lhes reclamado o exercício desse poder de acordo com os interesses da sociedade. Daí que a confiança seja um elemento inerente à própria relação jurídica entre os administradores e a sociedade. Qual a consequência da qualificação da relação entre os administradores e a sociedade como uma relação fiduciária *lato sensu*? O padrão de conduta exigível é mais estrito do que aquele que vigora para as relações contratuais em geral. Os deveres acessórios de conduta são particularmente intensos, nomeadamente o referido dever de lealdade.

---

[100] Quanto à noção de relação fiduciária *lato sensu* e ao seu regime jurídico, seguimos Frada, Manuel Carneiro da, *Teoria da confiança...*, cit., pp. 544-559.

Repare-se ainda que o dever de lealdade dos administradores de sociedades anónimas é mais intenso do que o dever de lealdade dos titulares dos órgãos executivos de outras sociedades (isto é, de outros tipos societários), dado o maior distanciamento entre a gestão e o capital, a maior dificuldade de controlo da gestão e a maior preponderância do órgão executivo face à colectividade dos sócios.

O dever de lealdade tem por finalidade evitar actuações dos administradores em conflito de interesses com a sociedade[101].

É nossa opinião que, em geral, o dever de lealdade dos administradores para com a sociedade traduz-se num aspecto positivo e num aspecto negativo. Os administradores devem prosseguir o interesse social. Os administradores não devem prosseguir interesses pessoais ou de terceiros, em detrimento do interesse social.

O dever de não concorrência constitui uma concretização do referido dever de lealdade[102]. É nosso entendimento que o dever de não apropriação de oportunidades de negócio societárias constitui igualmente uma concretização do referido dever de lealdade.

Os membros do conselho geral (de sociedades anónimas com estrutura dualista) não têm essencialmente funções de gestão de um património alheio; têm essencialmente funções de fiscalização da gestão de um património alheio. Em todo o caso, a sociedade coloca a defesa dos seus interesses nas mãos dos membros do conselho geral, atribuindo-lhes poderes para o efeito. Sendo assim, é nosso entendimento que o princípio da boa fé determina igualmente a one-

---

[101] No sentido de que a finalidade do dever de não concorrência consiste em evitar potenciais conflitos de interesses, Ventura, Raul, *Sociedades por quotas*, III, Coimbra, Almedina, 1991, pp. 54-56, Serens, M. Nogueira, e Maia, Pedro, "O art. 428.º, n.º 1 e 2 do Código das Sociedades Comerciais – análise da sua natureza jurídica", *Revista da Banca*, 1996, pp. 30-33 e 43-45, e Martins, Alexandre Soveral, "O exercício de actividades concorrentes pelos gerentes de sociedades por quotas", *Boletim da Faculdade de Direito*, 1996, pp. 315-322.

[102] Neste sentido, Cordeiro, António Menezes, *Da boa fé...*, cit., pp. 606-607. Vide ainda Varela, João Antunes, *Das obrigações*, I, cit., p. 128, n. 2.

ração dos membros do conselho geral com um dever de lealdade. Todavia, no que respeita aos problemas jurídicos em análise, o dever de lealdade dos membros do conselho geral tem uma extensão menor que o dever de lealdade dos directores[103]. Qual a justificação para esta menor extensão do dever de lealdade dos membros do conselho geral? A justificação reside no grau de dedicação à sociedade. Ao contrário dos directores, os membros do conselho geral não exercem funções executivas na sociedade. Provavelmente terão outras actividades profissionais, podendo inclusivamente exercer funções executivas noutra sociedade. Sendo assim, não lhes será exigível uma limitação tão extensa da sua liberdade de iniciativa económica.

Repare-se que esta diferença no grau de dedicação à sociedade entre directores e membros do conselho geral é extremamente semelhante à diferença no grau de dedicação à sociedade entre administradores executivos e administradores não executivos. Trata-se de administradores que, por existir uma delegação própria de competências numa comissão executiva ou em administradores delegados, não se encontram onerados com um dever de gestão, mas apenas com um dever de vigilância (e de intervenção) – art. 407.º/3 e 5 CSC[104]. Em nossa opinião, é igualmente defensável uma menor extensão do dever de lealdade, no que respeita aos problemas jurídicos em análise, relativamente a administradores não executivos.

---

[103] Como será referido *infra*, os membros do conselho geral não estão onerados com um dever de não concorrência e, por regra, o seu dever de não apropriação de oportunidades de negócio societárias não abrangerá os casos-padrão de prática de um acto isolado de concorrência e de celebração de um negócio que ofereceria à sociedade ganhos sinergéticos relevantes. Por regra, apenas lhes é imposto um dever de não apropriação de oportunidades de negócio societárias no que se refere aos casos-padrão de celebração de um negócio vantajoso de que se teve conhecimento por força do exercício de funções e de celebração de um negócio vantajoso com utilização de informação privilegiada ou de património ou de pessoal da sociedade.

[104] *Vide* Maia, Pedro, *Função e funcionamento do conselho de administração da sociedade anónima*, Coimbra, Coimbra Editora, 2002, pp. 247-281, e Silva, João Soares da, "Responsabilidade...", cit., pp. 616-617.

Todavia, tal perspectiva tem como limite o facto de o art. 398.º/3 CSC não operar qualquer distinção entre administradores executivos e não executivos[105].

4.2. Dever de não concorrência e dever de não apropriação de oportunidades de negócio societárias

Analisemos, em primeiro lugar, o dever de não concorrência dos administradores de sociedades anónimas com estrutura monista. Em segundo lugar, o dever de não concorrência dos directores de sociedades anónimas com estrutura dualista. De seguida, analisemos o dever de não apropriação de oportunidades de negócio societárias, quer dos administradores de sociedades anónimas com estrutura monista, quer dos directores de sociedades anónimas com estrutura dualista. Por último, teceremos breves considerações sobre a relação entre o dever de não concorrência e o dever de não apropriação de oportunidades de negócio societárias.

4.2.1. *Dever de não concorrência dos administradores de sociedades anónimas com estrutura monista*

O dever de não concorrência dos administradores de sociedades anónimas, com estrutura monista, é consagrado no art. 398.º/3 CSC.

---

[105] Assim e como será referido *infra*, aos administradores não executivos apenas é imposto, por regra, um dever de não apropriação de oportunidades de negócio societárias no que se refere aos casos-padrão de celebração de um negócio vantajoso de que se teve conhecimento por força do exercício de funções e de celebração de um negócio vantajoso com utilização de informação privilegiada ou de património ou de pessoal da sociedade. Por regra, o seu dever de não apropriação de oportunidades de negócio societárias não abrangerá os casos padrão de prática de um acto isolado de concorrência e de celebração de um negócio que ofereceria à sociedade ganhos sinergéticos relevantes. Mas, por imposição legal e ao contrário dos membros do conselho geral, estão onerados com um dever de não concorrência.

O art. 398.º/4 CSC opera uma remissão para o art. 254.º/2 a 6 CSC.

O dever de não concorrência abrange quer o exercício de uma actividade concorrente por conta própria, quer o exercício por conta alheia. No exercício por conta própria inclui-se a participação, por si ou por interposta pessoa[106], em sociedade que implique a assunção de responsabilidade ilimitada. Isto é, a qualidade de sócio de sociedade em nome colectivo ou a qualidade de sócio comanditado de sociedade em comandita. No exercício por conta própria inclui-se ainda a participação de, pelo menos, 20% no capital ou nos lucros de sociedade que não implique a assunção de responsabilidade ilimitada[107]. O exercício por conta alheia compreende o exercício de cargos executivos noutra sociedade.

O conceito de actividade concorrente é delimitado pelo art. 254.º/2 CSC. Trata-se de uma actividade abrangida no objecto social. Trata-se de uma actividade que esteja a ser exercida ou, em alternativa, cujo exercício tenha sido deliberado pela colectividade dos sócios.

O conceito de actividade concorrente implica uma efectiva inserção no mesmo mercado. Importa pois atender ao tipo de produtos (em sentido amplo, incluindo serviços e produtos incorpóreos e não apenas mercadorias) comerciados e ao tempo e ao lugar do comércio[108].

---

[106] Defendendo a aplicação do critério fornecido pelo art. 579.º/2 CC no que respeita ao conceito de interposição de pessoas, Ventura, Raul, *Sociedades*, cit., p. 57. Entendemos que este critério poderá revelar-se restritivo.

[107] Criticando esta solução, afirmando que "quanto muito só [se] justificaria que o administrador não pudesse participar como sócio de responsabilidade limitada em sociedade concorrente que fosse por ele controlada", Serens, M. Nogueira, *Notas sobre a sociedade anónima*, Coimbra, Coimbra Editora, 1997, pp. 73-75. Discordamos. Para além do argumento de que uma participação de 20% no capital social poderá indiciar o controlo, importa sobretudo considerar que não constitui, de todo, um mero investimento passivo. Sobre esta matéria, *vide* AcRL 12.6.01 (Azadinho Loureiro), CJ 01-III-114.

[108] *Vide* Ventura, Raul, *Sociedades*..., cit., pp. 59-60.

Para Raul Ventura, o dever de não concorrência, consagrado no art. 254.º/2 CSC, implica o dever de não praticar um acto isolado de concorrência[109]. Para Alexandre Soveral Martins, o acto isolado de concorrência não poderá considerar-se abrangido pelo dever de não concorrência, consagrado no art. 254.º/2 CSC, na medida em que o conceito de actividade aponta para um conjunto de actos, não compreendendo um único acto isolado[110]. Subscrevemos esta última posição. A reacção contra um acto isolado de concorrência não pode radicar no art. 254.º/2 CSC, dadas as regras de interpretação de normas jurídicas. Em nossa opinião, e como se demonstrará *infra*, a prática de um acto isolado de concorrência deverá ser analisada em sede de violação do dever de lealdade, mas por apelo ao dever de não apropriação de oportunidades de negócio societárias e sem recurso ao art. 254.º/2 CSC.

O conceito de actividade concorrente enunciado no art. 254.º/2 CSC inequivocamente não abrange uma actividade correspondente a uma actividade que a sociedade exerce, mas que extravasava o seu objecto social. Todavia, o exercício de uma actividade concorrente com uma actividade exercida pela sociedade, apesar de não estar abrangida pelo seu objecto social, constitui uma actuação em conflito de interesses e viola seguramente o dever de lealdade. Repare-se inclusivamente que poderá estar projectada uma alteração estatutária, destinada a alargar ou alterar o objecto social. Em nossa opinião, deverá concluir-se que o exercício de uma actividade concorrente com uma actividade exercida pela sociedade, pese embora não abrangida pelo seu objecto social, constitui uma violação do dever de lealdade, na modalidade de violação do dever de não concorrência, por imposição directa do art. 762.º/2 CC[111].

---

[109] Neste sentido, Ventura, Raul, *Sociedades...*, cit., p. 56.

[110] Neste sentido, Martins, Alexandre Soveral, "O exercício...", cit., pp. 331-332.

[111] Considerando que neste caso existe uma violação de dever de não concorrência, sem contudo esclarecer se por aplicação do art. 254.º/2 CSC ou se por aplicação do art. 762.º/2 CC, Ventura, Raul, *Sociedades...*, cit., p. 59. Considerando que não existe uma violação de dever de não concorrência, Martins, Alexandre Soveral, "O exercício...", cit., pp. 329-330, n. 25.

O conceito de actividade concorrente constante do art. 254.º/2 CSC não abrange igualmente uma actividade correspondente a uma actividade que a sociedade planeava exercer e cujo exercício não tenha sido deliberado pela colectividade dos sócios. Mas repare-se que o exercício de determinada actividade pode ser projectado pelo conselho de administração, por um administrador delegado ou por uma comissão executiva, sem que tenha (ainda) sido objecto de deliberação pela colectividade dos sócios. Nestas situações existe igualmente uma actuação em conflito de interesses e uma violação do dever de lealdade (desde que o administrador tenha conhecimento dos planos da sociedade). Em nossa opinião, deverá concluir-se que o exercício de uma actividade concorrente com uma actividade que a sociedade planeava exercer, ainda que o seu exercício não tenha sido deliberado pela colectividade dos sócios, constitui uma violação do dever de lealdade, na modalidade de violação do dever de não concorrência, por imposição directa do art. 762.º/2 CC.

Resta ainda a possibilidade de exercício pelo administrador de uma actividade concorrente com uma actividade exercida (ou cujo exercício tenha sido projectado) por uma sociedade coligada. Como referimos *supra*, tal matéria não será desenvolvida neste estudo[112].

Na medida em que o art. 398.º/3 CSC não opera qualquer distinção nesse sentido, é forçoso concluir que o dever de não concorrência onera não apenas os administradores executivos, mas também

---

[112] É defensável, relativamente a sociedades em relação de grupo e por força do art. 504.º CSC, que os administradores da sociedade directora estejam onerados com o dever de não concorrência com a sociedade subordinada. O princípio subjacente ao art. 504.º CSC parece ser o da imposição aos administradores da sociedade directora dos mesmos deveres impostos aos administradores de sociedades independentes. Vide Antunes, José Engrácia, *Os grupos de sociedades – estrutura e organização jurídica da empresa plurissocietária*, Coimbra, Almedina, 2002, pp. 748-752, e França, Maria Augusta, *A estrutura das sociedades anónimas em relação de grupo*, Lisboa, AAFDL, 1990, p. 51. Em nossa opinião, poderá questionar-se se, relativamente a sociedades em relação de domínio, os administradores da sociedade dominante estarão onerados com o dever de não concorrência com a sociedade dominada, por imposição directa do art. 762.º/2 CC (enquanto dever de conduta perante terceiro).

os administradores não executivos. Trata-se, em nosso entender, de uma solução criticável, dado que o grau de dedicação à sociedade dos administradores não executivos é muito inferior ao dos administradores executivos e é semelhante ao dos membros do conselho geral. Repare-se que, como será referido *infra*, não é imposto idêntico dever aos membros do conselho geral.

4.2.2. *Dever de não concorrência dos directores de sociedades anónimas com estrutura dualista*

O dever de não concorrência dos directores de sociedades anónimas (com estrutura dualista) é estabelecido no art. 428.° CSC.

O art. 428.°/1 CSC estabelece que os directores não podem exercer qualquer outra actividade comercial, por conta própria ou alheia. Estabelece ainda que os directores não podem ser membros de órgão de administração ou de fiscalização de qualquer sociedade. No art. 428.°/3 CSC é referido que o exercício de uma actividade concorrente com a da sociedade é gerador de responsabilidade civil.

Repare-se que o dever de concorrência não é consagrado de forma expressa no art. 428.°/1 CSC. Mas, ao estabelecer que os directores não podem exercer qualquer outra actividade comercial, por conta própria ou alheia, o art. 428.°/1 CSC consagra, de forma implícita, tal dever de não concorrência[113]. Tal conclusão é confirmada pelo art. 428.°/3 CSC.

Destas normas resulta não apenas que os directores têm um dever de não concorrência, mas que têm igualmente um dever de dedicação exclusiva[114]. Em nossa opinião, os dois deveres são ple-

---

[113] Neste sentido, Serens, M. Nogueira, *Notas...*, cit., p. 84, e Ramos, Maria Elisabete Gomes, *Responsabilidade civil dos administradores e directores de sociedades anónimas perante os credores sociais*, Coimbra, Coimbra Editora, 2002, p. 135.

[114] Fazendo referência a um único dever – o dever de se absterem de intervir, de forma continuada, no tráfico mercantil, Serens, M. Nogueira, e Maia, Pedro, "O art. 428.°...", cit., p. 34. Esta qualificação poderá não ser a mais adequada, na medida em que a norma proíbe igualmente os directores de serem titu-

namente autonomizáveis. Em primeiro lugar, tais deveres são autonomizáveis por prosseguirem finalidades diferentes. Como foi referido *supra*, o primeiro dever tem por finalidade evitar conflitos de interesses entre os directores e a sociedade. O segundo tem por finalidade impedir o desvio da força de trabalho dos directores. Em segundo lugar, tais deveres são autonomizáveis por terem um fundamento diferente. O dever de não concorrência constitui uma concretização do dever de lealdade, imposto pelo princípio da boa fé. O dever de dedicação exclusiva não constitui uma concretização do dever de lealdade, nem uma decorrência do princípio da boa fé. Em terceiro lugar, tais deveres são autonomizáveis pelas consequências da sua violação. O dano e a extensão da obrigação de indemnizar são distintos. Não nos debruçaremos sobre a delimitação deste dever de dedicação exclusiva[115], na medida em que tal matéria extravasa o âmbito deste estudo.

Repare-se que do art. 428.°/1 CSC apenas resulta (de forma implícita, como referimos) um dever de não concorrência relativamente a actividades comerciais. Nesta norma não é prevista a possibilidade de a sociedade, apesar de ser uma sociedade sob forma comercial, exercer uma actividade civil. Se o director apenas estiver onerado com o dever de não exercer uma actividade comercial e a sociedade exercer uma actividade civil, parece que não existirá um dever de não exercício de uma actividade concorrente. Tal conclusão é inadmissível. Por razões de coerência sistemática, o dever de não concorrência imposto pelo art. 428.°/1 e 3 CSC não pode ter um conteúdo mais restrito do que o dever de não concorrência previsto

---

lares dos órgãos de sociedades civis (sob forma comercial ou civil). Pensamos que deve ser realçada a autonomia entre o dever de não concorrência e o dever de dedicação exclusiva, correspondente a uma diferença de finalidades e de fundamentos jurídicos. Pensamos que a qualificação como dever de dedicação exclusiva é adequada, por reflectir correctamente uma das finalidades das normas (que consiste em impedir o desvio da força de trabalho dos directores).

[115] A questão mais relevante será a do limite numérico ao exercício de cargos em outras sociedades (nomeadamente pertencentes ao mesmo grupo). *Vide* Serens, M. Nogueira, e Maia, Pedro, "O art. 428.°...", cit., pp. 27-73.

no art. 398.º/3 CSC. Assim, o art. 428.º/1 e 3 CSC deve ser interpretado no sentido de consagrar um dever de não concorrência, quer relativamente a actividades comerciais, quer relativamente a actividades civis[116].

O art. 428.º CSC não opera qualquer remissão, directa ou indirecta, para o art. 254.º/3 CSC. Todavia, por razões de coerência sistemática, deve entender-se que o exercício de uma actividade concorrente por conta própria inclui a participação como sócio de outras sociedades, nos exactos termos prescritos pelo art. 254.º/3 CSC[117].

Igualmente nesta sede surge a questão de saber se o dever de não concorrência dos directores implica o dever de não praticar um acto isolado de concorrência. Consideramos que o acto isolado de concorrência não poderá considerar-se abrangido pelo dever de não concorrência, consagrado no art. 428.º/1 e 3 CSC, na medida em que o conceito de actividade aponta para um conjunto de actos, não compreendendo um único acto isolado[118]. Para nós, e como se demonstrará *infra*, a prática de um acto isolado de concorrência deverá ser analisada em sede de violação do dever de lealdade, mas por apelo ao dever de não apropriação de oportunidades de negócio societárias e sem recurso ao art. 428.º/1 e 3 CSC.

O exercício pelo director de uma actividade concorrente com uma actividade exercida pela sociedade, apesar de não estar abran-

---

[116] Neste sentido, Serens, M. Nogueira, e Maia, Pedro, "O art. 428.º...", cit., pp. 38-39.

[117] Neste sentido, Rodrigues, Ilídio Duarte, *A administração das sociedades por quotas e anónimas – organização e estatuto dos administradores*, Lisboa, Petrony, 1990, p. 189, n. 195. Em sentido divergente, Serens, M. Nogueira, e Maia, Pedro, "O art. 428.º...", cit., pp. 40 e 64. Defendendo a aplicação da noção de concorrência constante do art. 254.º CSC, Serens, M. Nogueira, *Notas...*, cit., p. 84. Relativamente à posição deste último Autor, neste último escrito, e como será referido *infra*, entendemos que certos aspectos restritivos da noção de concorrência constante do art. 254.º CSC não devem ser transpostos para a situação dos directores.

[118] Neste sentido, Serens, M. Nogueira, e Maia, Pedro, "O art. 428.º...", cit., pp. 39 e 64.

gida pelo seu objecto social, constituirá uma violação do dever de não concorrência? Repare-se que, se a actividade exercida for uma actividade comercial, haverá desde logo uma violação do dever de dedicação exclusiva. Todavia, interessa sobretudo avaliar se existe uma violação do dever de não concorrência, até porque os danos indemnizáveis por violação do dever de não concorrência são diversos e mais extensos do que os danos indemnizáveis por violação do dever de dedicação exclusiva. O exercício de uma actividade concorrente com uma actividade exercida pela sociedade constitui sempre uma violação do dever de lealdade. Repare-se que o art. 428.º CSC não opera uma remissão, directa ou indirecta, para o art. 254.º/2 CSC. Sendo assim e em nossa opinião, deve concluir-se que o art. 428.º CSC consagra um dever de não concorrência relativamente a uma actividade exercida pela sociedade, pese embora não abrangida pelo seu objecto social.

O exercício pelo director de uma actividade correspondente a uma actividade que a sociedade planeava exercer, ainda que o seu exercício não tenha sido deliberado pela colectividade dos sócios, constituirá uma violação do dever de não concorrência? Novamente, independentemente da possível existência de uma violação do dever de dedicação exclusiva, interessa sobretudo avaliar se existe uma violação do dever de não concorrência. A resposta é positiva. O exercício de uma actividade correspondente a uma actividade que a sociedade planeava exercer, apesar de o seu exercício não ter sido deliberado pela colectividade dos sócios, constitui uma violação do dever de lealdade, na modalidade de violação do dever de não concorrência (desde que o director tenha conhecimento dos planos da sociedade). Repare-se novamente que o art. 428.º CSC não opera uma remissão, directa ou indirecta, para o art. 254.º/2 CSC. É nosso entendimento que o art. 428.º CSC consagra um dever de não concorrência relativamente a uma actividade que a sociedade planeava exercer, ainda que o seu exercício não tenha sido deliberado pela colectividade dos sócios.

Resta, por último, a possibilidade de exercício pelo director de uma actividade concorrente com uma actividade exercida (ou cujo exercício tenha sido projectado) por uma sociedade coligada.

Como referimos *supra*, tal matéria não será desenvolvida neste estudo[119].

O dever de não concorrência não se estende aos membros do conselho geral.

4.2.3. *Dever de não apropriação de oportunidades de negócio societárias*

Em nossa opinião, a situação jurídica dos administradores de sociedades anónimas é integrada por um dever de não apropriação de oportunidades de negócio societárias[120].

Como foi referido *supra*, tal dever constitui uma concretização do dever de lealdade, imposto pelo princípio da boa fé, e tem por finalidade evitar conflitos de interesses entre a sociedade e o administrador. O seu fundamento legal reside no art. 762.º/2 CC.

A questão central será saber quando é que uma oportunidade de negócio "pertence" à sociedade. Todavia, esta questão deve ser formulada de uma forma mais correcta. Está em causa saber quando é que, na relação entre a sociedade e o administrador, se deve considerar que a oportunidade "pertence" à sociedade. Melhor ainda, dever-se-á questionar quando é que o princípio da boa fé impõe que o administrador não se aproprie de uma oportunidade de negócio, por imperativos de lealdade para com a sociedade.

A aferição da existência de uma violação do dever de não apropriação de oportunidades de negócio societárias terá que ser realizada casuisticamente, em função das especificidades do caso concreto (e atendendo aos pressupostos gerais da tutela da confiança,

---

[119] Remetemos para as considerações que realizámos relativamente a administradores de sociedades anónimas com estrutura monista.

[120] O dever de não apropriação de oportunidades de negócio societárias não é objecto de consagração legal específica pelo Código das Sociedades Comerciais. Não é realizada qualquer referência a este dever nas Recomendações da Comissão do Mercado dos Valores Mobiliários sobre o Governo das Sociedades Cotadas (na redacção de 19 de Novembro de 2003). Excluímos do presente estudo a análise de códigos deontológicos de instituições de crédito.

para a doutrina que sustenta que a imposição de deveres acessórios de conduta tem fundamento essencialmente na tutela da confiança).

Todavia, é possível operar uma concretização mais profunda, enunciando quatro casos-padrão (ou conjuntos de situações típicas) de violação do dever de não apropriação de oportunidades de negócio societárias, a saber:

- celebração de um negócio vantajoso de que se teve conhecimento por força do exercício de funções;
- celebração de um negócio vantajoso com utilização de informação privilegiada ou de património ou de pessoal da sociedade;
- prática de um acto isolado de concorrência;
- e celebração de um negócio que ofereceria à sociedade ganhos sinergéticos relevantes.

No primeiro caso-padrão – celebração de um negócio vantajoso de que se teve conhecimento por força do exercício de funções – integram-se as situações em que a proposta ou convite a contratar é dirigida à sociedade ou ao administrador, na qualidade de administrador[121], as situações em que existem negociações realizadas em nome da sociedade e as situações em que, por qualquer motivo, o conhecimento da existência da oportunidade de negócio está associado ao exercício de funções.

No segundo caso-padrão – celebração de um negócio vantajoso com utilização de informação privilegiada ou de património ou de pessoal da sociedade – integram-se as situações em que o conhecimento da existência da oportunidade de negócio está associado à utilização de informações privilegiadas obtidas por força do exercício de funções e as situações em que o conhecimento da existência da oportunidade de negócio foi possibilitado pela utilização do pessoal e do património da sociedade. O conceito de informação privilegiada compreende toda a informação societária reservada (isto é,

---

[121] O que, em ambos os casos, deverá ser aferido de acordo com o critério da impressão de um declaratário normal, colocado na posição do real declaratário, consagrado no art. 236.º CC.

não tornada pública). Tal conceito não se restringe obviamente à informação idónea para influenciar o preço de valores mobiliários. Poderá tratar-se nomeadamente de informação relativa a segredos industriais, de informação sobre os clientes da sociedade e de informação sobre projectos de fusões e aquisições[122].

As situações em que um administrador é encarregue de realizar uma específica actividade (nomeadamente o desenvolvimento de um projecto) que conduz ao surgimento de determinada oportunidade de negócio poderão ser integradas quer no primeiro caso-padrão, quer no segundo caso-padrão, conforme as circunstâncias do caso concreto.

No terceiro caso-padrão – prática de um acto isolado de concorrência – inserem-se todos os actos praticados no âmbito da actividade efectivamente exercida pela sociedade (ainda que extravase o seu objecto social) ou que a sociedade planeia exercer (desde que o administrador tenha conhecimento de tais planos). Em nossa opinião, estão em causa não apenas os actos de concorrência relativamente à actividade produtiva, mas também, num conceito mais amplo e adequado de concorrência, os actos de concorrência relativos a infra-estruturas e aos meios de produção em geral. Assim, a aquisição pelo administrador de um terreno contíguo a uma fábrica, dificultando a ampliação das instalações fabris, poderá constituir um acto isolado de concorrência.

No quarto caso-padrão – celebração de um negócio que ofereceria à sociedade ganhos sinergéticos relevantes – integram-se as oportunidades de negócio que, embora não se insiram no âmbito da actividade efectivamente exercida pela sociedade ou que a sociedade planeia exercer, têm uma conexão com a actividade exercida

---

[122] É defensável que a situação jurídica dos administradores inclua também o dever de não utilizar informação privilegiada e o dever de não utilizar património ou pessoal da sociedade, enquanto concretizações do dever de lealdade. Vide, essencialmente, American Law Institute, *Principles...*, cit., pp. 254-283. Vide ainda Hopt, Klaus, *Grosskommentar...*, cit., § 93, Rd. 144-186. Tais deveres devem ser autonomizados do dever de não apropriação de oportunidades de negócio societárias, sendo possível uma sobreposição parcial de danos ressarcíveis.

pela sociedade, de tal modo que o seu aproveitamento pela sociedade poderia gerar ganhos sinergéticos relevantes. Estão em causa, nomeadamente, situações de sobreposição de processos de fabrico ou de venda, de exploração de fontes adicionais de recursos naturais ou de quantidades do mesmo produto, de investimento junto de fornecedores e clientes e de actividades complementares ou paralelas.

Entendemos que o dever de não apropriação de oportunidades de negócio societárias não se estende a toda e qualquer oportunidade de investimento que ofereça um retorno apropriado por unidade de risco. O dever de lealdade dos administradores não tem uma latitude tão ampla, mesmo em casos de dedicação exclusiva, nomeadamente por força da necessidade de compatibilização com a liberdade de iniciativa económica privada (art. 61.º da Constituição da República Portuguesa) e com as regras sobre livre concorrência (art. 81.º e art. 82.º do Tratado CE e Lei n.º 18/2003, de 11 de Junho).

A violação do dever de não apropriação de oportunidades de negócio societárias tanto ocorrerá quando a oportunidade seja pessoalmente utilizada, como quando seja utilizada por interposta pessoa ou através de sociedade na qual o administrador tenha uma participação relevante. Trata-se de uma aplicação do princípio da primazia da materialidade subjacente.

A imposição do dever de não apropriação de oportunidades de negócio societárias não é afastada pelo facto de a capacidade financeira da sociedade não lhe permitir (ou dificilmente permitir) o aproveitamento da oportunidade de negócio. Também a existência de obstáculos legais ao aproveitamento da oportunidade de negócio pela sociedade não afasta a imposição do dever de não apropriação de oportunidades de negócio societárias. Existem vários argumentos que reclamam estas duas conclusões. A sociedade poderá sempre aceder ao crédito. Os obstáculos legais podem ser removidos ou questionados. Os administradores devem desenvolver todos os esforços no sentido da obtenção de crédito ou da remoção dos obstáculos legais. O afastamento do dever de não apropriação de oportunidades de negócio societárias nestas situações desincentivaria os administradores de agirem com lealdade e sem conflitos de interesses.

O dever de não apropriação de oportunidades de negócio societárias, no que se refere ao caso-padrão de prática de um acto isolado de concorrência, determina que os administradores e directores de sociedades, que se dediquem (nomeadamente) à realização de investimentos (mobiliários ou imobiliários), não possam realizar actos de investimento que se insiram no âmbito da actividade exercida pela sociedade (ou que a sociedade planeia exercer). Repare-se que existe aqui uma manifesta situação de conflito de interesses, na medida em que o administrador poderá realizar pessoalmente investimentos que interessariam à sociedade, sendo inclusivamente provável que guarde para si os investimentos com melhores probabilidades de retorno.

O dever de não apropriação de oportunidades de negócio societárias onera quer os administradores de sociedades anónimas de estrutura monista, quer os directores de sociedades anónimas de estrutura dualista.

Será que o dever de não apropriação de oportunidades de negócio societárias também incide sobre os membros do conselho geral? Como foi referido *supra*, os membros do conselho geral estão onerados com um dever de lealdade. Todavia, trata-se de um dever de lealdade com uma intensidade menor do que o dever de lealdade imposto aos directores, dada a diferença no grau de dedicação à sociedade. A extensão do dever de lealdade dependerá sempre das circunstâncias do caso concreto[123]. É correcto entender que os membros do conselho geral estão onerados com o dever de não apropriação de oportunidades de negócio societárias e que tal dever apenas abrangerá, por regra, os dois primeiros casos-padrão – celebração de um negócio vantajoso de que se teve conhecimento por força do

---

[123] Exemplificando: sabendo que a sociedade pretende ampliar as suas instalações fabris, um membro do conselho geral pode adquirir os terrenos contíguos à fábrica, com a intenção de os revender à sociedade com elevadas mais valias, aproveitando-se da frágil posição negocial da sociedade. Nesta situação concreta haverá algo mais do que um simples acto isolado de concorrência, justificando-se a imposição de um dever de não apropriação de oportunidades de negócio societárias.

exercício de funções e celebração de um negócio vantajoso com utilização de informação privilegiada ou de património ou de pessoal da sociedade. Por regra, o dever de não apropriação de oportunidades de negócio societárias dos membros do conselho geral não incluirá os terceiro e quarto casos-padrão – prática de um acto isolado de concorrência e celebração de um negócio que ofereceria à sociedade ganhos sinergéticos relevantes.

Será que, relativamente aos administradores não executivos (de sociedades anónimas de estrutura monista) e à semelhança dos membros do conselho geral (de sociedades anónimas de estrutura dualista), o dever de não apropriação de oportunidades de negócio societárias só compreende, por regra, os casos-padrão de celebração de um negócio vantajoso de que se teve conhecimento por força do exercício de funções e de celebração de um negócio vantajoso com utilização de informação privilegiada ou de património ou de pessoal da sociedade? A resposta deve ser positiva. Como foi referido *supra*, o grau de dedicação dos administradores não executivos à sociedade é muito diferente do grau de dedicação dos administradores executivos e é semelhante ao dos membros do conselho geral. Justifica-se, pois, uma menor extensão do seu dever de lealdade. Repare-se que o facto de os administradores não executivos estarem onerados, por imposição legal, com um dever de não concorrência não afasta esta conclusão, na medida em que, como será referido *infra*, os dois deveres devem ser distinguidos[124]. Sendo assim, resta concluir que, por regra, os administradores não executivos não estão onerados com um dever de não apropriação de oportunidades de

---

[124] O seguinte argumento é incorrecto: se os administradores não executivos estão onerados com um dever de não concorrência, igualmente (ou por maioria de razão) devem estar onerados com um dever de não apropriação de oportunidades de negócio societárias, no que se refere ao terceiro caso-padrão – prática de um acto isolado de concorrência. Como será referido *infra*, os dois deveres devem ser distinguidos, na medida em que o exercício de uma actividade concorrente implica uma continuidade temporal, na qual perdura uma situação de conflito de interesses. Assim, é possível considerar que os administradores não executivos estão onerados com um dever de não concorrência e que não estão proibidos de praticar actos isolados de concorrência.

negócio societárias, no que se refere aos terceiro e quarto casos-padrão – prática de um acto isolado de concorrência e celebração de um negócio que ofereceria à sociedade ganhos sinergéticos relevantes. A par do dever de não concorrência, os administradores não executivos estão onerados, por regra, com um dever de não apropriação de oportunidades de negócio societárias exclusivamente no que se refere aos dois primeiros casos-padrão – celebração de um negócio vantajoso de que se teve conhecimento por força do exercício de funções e celebração de um negócio vantajoso com utilização de informação privilegiada ou de património ou de pessoal da sociedade.

Restaria ainda analisar a possibilidade de apropriação pelo administrador ou director (ou membro do conselho geral) de uma oportunidade de negócio de uma sociedade coligada. Como referimos *supra*, tal matéria não será desenvolvida neste estudo[125].

4.2.4. *Distinção entre os deveres*

Existe uma área de possível sobreposição dos deveres de não concorrência e de não apropriação de oportunidades de negócio societárias, na medida em que o exercício de uma actividade concorrente implica uma prática reiterada de actos isolados de concorrência (terceiro caso-padrão). Tal constatação poderia fundamentar a qualificação do dever de não concorrência como um caso parcelar ou especial do dever de não apropriação de oportunidades de negócio societárias.

---

[125] Fazendo um paralelo com o que referimos relativamente ao dever de não concorrência, é defensável, relativamente a sociedades em relação de grupo e por força do art. 504.º CSC, que os administradores da sociedade directora estejam onerados com o dever de não apropriação de oportunidades de negócio da sociedade subordinada. Também aqui se poderá questionar se, relativamente a sociedades em relação de domínio, os administradores da sociedade dominante estarão onerados com o dever de não apropriação de oportunidades de negócio da sociedade dominada, por imposição directa do art. 762.º/2 CC (enquanto dever de conduta perante terceiro).

Todavia, consideramos que o dever de não concorrência e o dever de não apropriação de oportunidades de negócio societárias devem ser autonomizados, dado que o exercício de uma actividade concorrente e a prática de um mero acto isolado de concorrência devem ser valorados de forma distinta. O exercício de uma actividade concorrente implica uma continuidade temporal, na qual perdura uma situação de conflito de interesses. Autorizar o exercício de uma actividade concorrente é algo substancialmente diferente de autorizar a prática de um mero acto isolado de concorrência. Os danos decorrentes do exercício de uma actividade concorrente são distintos dos danos decorrentes da prática de um acto isolado de concorrência.

4.3. Consentimento

A autorização (consentimento prévio) para o exercício de actividade concorrente pelos administradores de sociedades anónimas (com estrutura monista) é da competência da colectividade dos sócios, por determinação expressa do art. 398.º/3 CSC. A autorização para o exercício de actividade concorrente pelos directores de sociedades anónimas (com estrutura dualista) é da competência do conselho geral, por determinação expressa do art. 428.º/1 CSC.

Relativamente à matéria dos negócios com a sociedade, matéria que igualmente respeita ao dever de lealdade dos administradores para com a sociedade, o art. 397.º/2 CSC determina que a autorização para a celebração de negócios entre os administradores e a sociedade anónima (de estrutura monista) seja da competência do conselho de administração, não sendo admitido a votar o administrador interessado. No fundo, esta norma atribui a competência para a autorização de celebração de negócios com a sociedade, nas sociedades anónimas de estrutura monista, aos administradores desinteressados. A aplicação desta solução à autorização para o exercício de actividade concorrente pelos administradores de sociedades anónimas com estrutura monista poderia ser positiva. Repare-se que, nas sociedades anónimas, as deliberações da colectividade dos sócios tendem a ser meramente "plebiscitárias". Repare-se que os administradores desinteressados podem exercer uma interessante função de fiscalização no interior do conselho de administração de sociedades anónimas com estrutura monista, análoga à exercida pelo conselho geral de sociedades anónimas com estrutura dualista. O fortalecimento do papel do administrador desinteressado no governo das sociedades anónimas de estrutura monista é desejável. Todavia, o art. 398.º/3 CSC é categórico ao atribuir a competência para autorizar o exercício de actividade concorrente pelos administradores de sociedades anónimas com estrutura monista à colectividade dos sócios.

Relativamente aos directores (de sociedades anónimas com estrutura dualista), o art. 428.º/2 CSC expressamente determina que a autorização deverá ser pontual, isto é, referente à prática de determinado acto, de determinada actividade ou de determinada espécie de actos. Em nossa opinião, a mesma exigência de autorização pontual deverá decorrer de uma interpretação correcta do art. 398.º/3 CSC, para os administradores (de sociedades anónimas com estrutura monista), atendendo a razões de coerência sistemática[126].

Consideramos correto entender que os estatutos podem limitar o dever de não concorrência, desde que sejam fixados pressupostos específicos[127]. Por um lado, trata-se de uma matéria disponível. Sendo admissível o afastamento do dever de não concorrência através de autorização pelo conselho geral ou pela colectividade de sócios, igualmente deve ser admitida uma limitação estatutária do dever de não concorrência. Por outro, existe um princípio de rejeição de autorizações em branco (enunciado no art. 428.º/2 CSC), o que determina que a limitação estatutária do dever de não concorrência não possa ser excessivamente genérica e antes tenha que erigir pressupostos específicos.

---

[126] Considerando que, relativamente às sociedades por quotas, a autorização não necessita de ser pontual, Martins, Alexandre Soveral, "O exercício...", cit., p. 340.

[127] Considerando que o consentimento pode ser dado no próprio contrato de sociedade, Martins, Alexandre Soveral, "O exercício...", cit., p. 339, n. 42.

Relativamente aos administradores de sociedades anónimas com estrutura monista, o art. 254.°/4 CSC (aplicável por remissão do art. 398.°/4 CSC) consagra uma presunção de autorização, para situações de exercício de actividade concorrente anterior à nomeação e para situações de exercício de actividade concorrente anterior à deliberação de exercício de nova actividade pela sociedade. Não se justifica a aplicação analógica deste regime de autorização presumida aos directores de sociedades anónimas com estrutura dualista[128].

É nosso entendimento que o regime de autorização (consentimento prévio) do exercício de actividade concorrente deverá ser aplicado por analogia à apropriação de oportunidades de negócio societárias.

Importa contudo atender a que, ao contrário do dever de não concorrência, o dever de não apropriação de oportunidades de negócio societárias pode também incidir sobre os membros do conselho geral. Daí que surja a questão de saber a quem compete a autorização para a apropriação de oportunidades de negócio societárias pelos membros do conselho geral. Existem duas possibilidades para colmatar tal lacuna, a saber: competência da colectividade dos sócios, por aplicação analógica do art. 398.°/1 CSC; ou competência dos membros desinteressados do conselho geral, por aplicação analógica dos art. 445.°/1 e 397.°/2 CSC. Consideramos que a segunda solução é a mais adequada, pois é a única prevista especificamente para situações que envolvam membros do conselho geral.

A ratificação (consentimento posterior[129]) do exercício de actividade concorrente ou da apropriação de oportunidades de negócio societárias terá o mesmo efeito útil que a renúncia ao direito de indemnização. Estando a renúncia ao direito de indemnização sujeita a fortes restrições, enunciadas no art. 74.°/2 CSC, a ratificação deverá estar sujeita às mesmas regras. Sendo assim, é nossa opinião que a ratificação do exercício de actividade concorrente

---

[128] Neste sentido, Rodrigues, Ilídio Duarte, *A administração...*, cit., p. 192.
[129] Sobre o sentido da expressão "ratificação", *vide* a nota 28.

ou da apropriação de oportunidades de negócio societárias só pode ser realizada por deliberação da colectividade dos sócios, sem voto contrário de uma minoria que represente pelo menos 10% do capital social.

Em nossa opinião, os administradores que solicitem o consentimento para o exercício de actividade concorrente ou para a apropriação de oportunidades de negócio societárias estão onerados com um dever acessório de esclarecimento, relativo à situação de conflito de interesses e à actividade concorrente ou oportunidade de negócio.

4.4. Consequências jurídicas

Quanto aos remédios, a violação do dever de não concorrência é geradora de responsabilidade obrigacional – arts. 72.º, 254.º/5, 398.º/4 e 428.º/3 CSC.

A violação do dever de não apropriação de oportunidades de negócios societárias é igualmente geradora de responsabilidade obrigacional – art. 72.º CSC.

No direito português é admitido o arbitramento de indemnizações em espécie[130]. Tal regra poderá determinar a imposição ao administrador do dever de restituir à sociedade a oportunidade, o negócio ou a actividade em causa. Este remédio não terá obviamente eficácia externa perante um eventual parceiro contratual do administrador.

No que respeita à responsabilidade obrigacional dos directores (de sociedades anónimas com estrutura dualista) por violação do dever de não concorrência, o art. 428.º/3 CSC estabelece que o quantitativo da indemnização será não inferior aos lucros ou proventos auferidos pelo director. Trata-se de uma presunção inilidível,

---

[130] Sobre o arbitramento de indemnizações em espécie por violação de deveres decorrentes da regra de conduta de boa fé, Cordeiro, António Menezes, *Da boa fé...*, cit., p. 1250, e Frada, Manuel Carneiro da, *Teoria da confiança...*, cit., p. 700.

que não pode ser afastada pelo director[131]. Este mecanismo tem um efeito prático análogo ao direito de entrada germânico. Entendemos que nada obsta à aplicação analógica deste mecanismo à responsabilidade obrigacional dos administradores (de sociedades anónimas com estrutura monista) por violação do dever de não concorrência e à responsabilidade obrigacional dos administradores, dos directores e dos membros do conselho geral por violação do dever de não apropriação de oportunidades de negócios societárias[132].

O art. 72.º/1 CSC estabelece uma inversão do ónus de alegação/prova. Tal inversão é compatível com a regra geral estabelecida no art. 799.º/1 CC. Tal inversão do ónus de alegação/prova deve ser entendida de uma forma criteriosa. A violação destes deveres não se traduz num puro incumprimento de uma obrigação. Antes se integra na área da "violação positiva do contrato". Neste tipo de situações, a inversão do ónus de alegação/prova é bastante reduzida[133]. Entendemos que a sociedade apenas tem um ónus de prova indiciário sobre a acção (ou omissão) violadora de um dever, sobre os danos e sobre o nexo de causalidade entre a acção e os danos. O administrador tem o ónus de prova de inexistência de ilicitude, de inexistência de culpa e de que os danos teriam ocorrido face ao compor-

---

[131] Neste sentido, Ventura, Raul, *Novos estudos sobre sociedades anónimas e sociedades em nome colectivo*, Coimbra, Almedina, 1994, p. 26. *Vide* ainda, Martins, Alexandre Soveral, "O exercício...", cit., p. 343, n. 52. Este último Autor qualifica a presunção como ilidível. Talvez queira apenas significar que a sociedade pode optar por ser indemnizada pelo valor dos danos que sofreu, que até poderá ser superior ao valor dos lucros obtidos pelo director.

[132] Considerando que um remédio de entrega dos lucros auferidos em violação do dever de não concorrência apenas se justifica em caso de exclusividade, Ventura, Raul, *Sociedades*..., cit., pp. 62-63. Discordamos deste entendimento. O grau de dedicação poderá ser um factor a ponderar na delimitação da extensão do dever de lealdade. Mas, sempre que se concluir pela imposição de um dever de não concorrência ou de um dever de não apropriação de oportunidades de negócios societárias, justificar-se-á sempre a aplicação deste remédio.

[133] *Vide* Leitão, Luís Menezes, *Direito das obrigações*, II, Coimbra, Almedina, 2000, p. 250, Varela, João Antunes, *Das obrigações...*, II, cit., p. 100, e Frada, Manuel Carneiro da, *Contrato e deveres de protecção*, Coimbra, Almedina, 1994, p. 193.

tamento lícito alternativo. No que respeita à presunção prevista no art. 428.º/3 CSC, o ónus de alegação/prova dos lucros auferidos pelo administrador pertence à sociedade.

A concorrência constitui justa causa de destituição dos administradores – art. 254.º/5 e 398.º/4 CSC –, o mesmo tendo que valer para os directores – art. 430.º CSC.

A apropriação de oportunidades societárias constituirá igualmente justa causa de destituição dos administradores e dos directores, desde que se verifique o requisito geral de gravidade da violação do dever – art. 403.º e 430.º CSC. Consideramos que o requisito de gravidade da violação do dever será facilmente verificável, na medida em que está em causa uma actuação desleal, que gera uma quebra da relação de confiança entre a sociedade e os administradores ou os directores.

5. SÍNTESE COMPARATIVA

Concluída a exposição analítica dos dois problemas jurídicos – concorrência dos administradores com a sociedade e apropriação pelos administradores de oportunidades de negócio societárias –, resta apurar semelhanças e diferenças entre as três ordens jurídicas analisadas[134].

5.1. Base jurídica

No que respeita à base jurídica, existe uma clivagem entre os sistemas de matriz romano-germânica e o sistema de *common law*. Nos primeiros, o dever de lealdade constitui um dever acessório de conduta e tem origem no princípio da boa fé. No último, o dever de lealdade constitui um dever fiduciário (*fiduciary duty*), com origem na *equity*.

Todavia, importa realçar que a construção em torno dos conceitos de "lealdade" e de "conflito de interesses" é comum às diversas ordens jurídicas.

5.2. Elementos

Em sede de comparação dos elementos da análise, importa realçar que são consagrados quer o dever de não concorrência, quer

---

[134] Como referimos *supra*, os Estados Unidos da América não têm um regime jurídico uniforme, de origem federal, nestas matérias. Todavia, por facilidade de exposição, utilizaremos a expressão "ordem jurídica norte-americana".

o dever de não apropriação de oportunidades de negócio societárias nas ordens jurídicas norte-americana, alemã e portuguesa (se se aceitar a posição que pessoalmente sustentámos quanto à existência do dever de não apropriação de oportunidades de negócio societárias na ordem jurídica portuguesa).

Os contornos jurídicos do dever de não apropriação de oportunidades de negócio societárias são muito semelhantes nas três ordens jurídicas (se se aceitarem as posições que defendemos, relativamente à ordem jurídica portuguesa).

É proibida a prática de actos isolados de concorrência. É relevante a actividade efectivamente exercida pela sociedade e não o seu objecto estatutário. São relevantes os planos de extensão da actividade social. São igualmente relevantes as possibilidades de extensão da actividade social.

É proibido o aproveitamento de negócios em casos de conhecimento por força do exercício de funções e de utilização de informação privilegiada ou de património ou de pessoal da sociedade.

O aproveitamento de oportunidades de negócio por intermédio de terceiros é igualmente proibido.

A incapacidade financeira da sociedade não afasta a imposição do dever de não apropriação de oportunidades de negócio societárias.

O dever de não apropriação de oportunidades de negócio societárias é igualmente imposto aos administradores não executivos e aos membros do conselho geral. Todavia, o seu conteúdo é limitado às situações de conhecimento por força do exercício de funções e de utilização de informação privilegiada ou de património ou de pessoal da sociedade.

No que respeita ao dever de não concorrência, existem aspectos divergentes e aspectos semelhantes nas três ordens jurídicas.

Na ordem jurídica norte-americana, parte da jurisprudência rejeita a existência deste dever. Todavia, parte da jurisprudência e da doutrina, acompanhadas pelos *Principles of Corporate Governance*, sustentam a imposição deste dever. Já nas ordens jurídicas alemã e portuguesa, a imposição deste dever é inquestionável.

Na ordem jurídica norte-americana e de acordo com o regime dos *Principles of Corporate Governance*, o dever de não concorrência pode incidir sobre os administradores não executivos. Na ordem jurídica alemã, este dever não incide sobre os membros do conselho geral. Na ordem jurídica portuguesa, este dever não incide sobre os membros do conselho geral, mas já incide sobre os administradores não executivos.

Na ordem jurídica norte-americana, o dever de não concorrência traduz-se (na formulação dos *Principles of Corporate Governance*) na proibição de investir capital por forma a entrar em concorrência com a sociedade. Na ordem jurídica alemã, o dever de não concorrência implica a proibição de prática de actos isolados de concorrência. Na ordem jurídica portuguesa, o dever de não concorrência não respeita à prática de actos isolados de concorrência, mas sim de actividades concorrentes. As diferenças de formulação talvez não impliquem soluções práticas divergentes para situações concretas similares. No que respeita às diferenças de formulação entre as ordens jurídicas alemã e portuguesa, importa considerar que a realização de uma actividade concorrente implica a prática de sucessivos actos de concorrência e que, na ordem jurídica portuguesa, a prática de actos isolados de concorrência é proibida por força do dever de não apropriação de oportunidades de negócio societárias (de acordo com a posição que defendemos).

Nas três ordens jurídicas é relevante quer a concorrência por conta própria, quer a concorrência por conta alheia.

Nas três ordens jurídicas é adoptado o critério da actividade efectivamente exercida pela sociedade e não o critério do seu objecto estatutário.

5.3. Consentimento

Em matéria de consentimento, importa realçar que é comum às três ordens jurídicas a admissibilidade de autorização (consentimento prévio).

Existe também uma semelhança na aceitação de cláusulas estatutárias limitativas dos deveres dos administradores.

Nas três ordens jurídicas é imposto aos administradores um dever de esclarecimento, sobre a situação de conflito de interesses e a actividade concorrente ou oportunidade de negócio.

A admissibilidade de ratificação (consentimento posterior) é extremamente limitada nas ordens jurídicas germânica e portuguesa (quanto a esta última, de acordo com a posição que pessoalmente sustentámos). Existe uma tendência mais ténue de limitação da admissibilidade de ratificação na ordem jurídica norte-americana.

Na ordem jurídica norte-americana é atribuído um papel mais relevante aos administradores desinteressados do que na ordem jurídica portuguesa, relativamente a sociedades anónimas com estrutura monista.

5.4. Consequências jurídicas

Quanto às consequências jurídicas (remédios), o direito à reparação é consagrado nas três ordens jurídicas.

Nas ordens jurídicas germânica e portuguesa são previstas a possibilidade de reconstituição em espécie e a possibilidade de entrega dos lucros obtidos pelo administrador. Esta última é obtida através de mecanismos diferentes nas duas ordens jurídicas. Na ordem jurídica alemã é prevista uma pretensão autónoma – o direito de entrada. Na ordem jurídica portuguesa, a mesma solução é obtida através de uma presunção relativa ao quantitativo do dano, em sede de direito à reparação.

Na ordem jurídica norte-americana é prevista a possibilidade de constituição de um *constructive trust*. Esta solução é desconhecida nas ordens jurídicas germânica e portuguesa. Todavia, os mecanismos de reconstituição em espécie e de entrega dos lucros obtidos pelo administrador, previstos nestas duas ordens jurídicas, poderão conduzir a resultados algo semelhantes aos obtidos através do *constructive trust*.

Nas ordens jurídicas germânica e portuguesa (quanto a este última, de acordo com a posição que sustentámos) é atribuído um maior fardo probatório ao administrador do que na ordem jurídica norte-americana.

É comum às ordens jurídicas portuguesa e alemã o remédio da destituição com justa causa. Na ordem jurídica germânica é igualmente aplicável o remédio de despedimento com justa causa.

5.5. Apreciação final

A comparação realizada demonstra a existência de elevadas semelhanças e de poucas divergências, não apenas ao nível das soluções apresentadas para a resolução das mesmas situações da vida, mas também ao nível de conceitos jurídicos.

Da comparação realizada ressaltam indícios de uma tendência para a uniformização de soluções jurídicas em matéria de governo das sociedades[135].

---

[135] Fazendo referência a uma tendência de osmose jurídica em matéria de apropriação de oportunidades de negócio societárias entre países com o mesmo nível de desenvolvimento sócio-económico, Hopt, Klaus, "Self-dealing...", cit., p. 296. Dando conta de uma tendência de uniformização e de influência do direito norte-americano, especialmente em matéria de concretizações do dever de lealdade, de *duty of care* e *business judgment rule* e de fusões e aquisições, Hopt, Klaus, *Grosskommentar...*, cit., § 93, Rn. 521-527.

6. BIBLIOGRAFIA

Abeltshauser, Thomas E., *Leitungshaftung im Kapitalgesellschaftsrecht: Zu den Sorgfalts- und Loyalitätspflichten von Unternehmensleitern im deutschen und im US-amerikanischen Kapitalgesellschaftsrecht*, Köln, Berlin, Bonn, München, Carl Heymanns, 1998.

Adamski, M. Patricia, *vide* Brodsky, Edward.

Albuquerque, Pedro de, "Da prestação de garantias por sociedades comerciais a dívidas de outras entidades", *Revista da Ordem dos Advogados*, 1997, pp. 69-147.

Alexander, John, *vide* Henn, Harry.

Almeida, Carlos Ferreira de, *Texto e enunciado na teoria do negócio jurídico*, Coimbra, Almedina, 1992.

Idem, *Introdução ao direito comparado*, Coimbra, Almedina, 1998.

Idem, *Direito comparado – ensino e método*, Lisboa, Cosmos, 2000.

American Law Institute, *Principles of corporate governance: analysis and recommendations*, St. Paul, American Law Institute Publishers, 1994.

Antunes, José Engrácia, *Os grupos de sociedades – estrutura e organização jurídica da empresa plurissocietária*, Coimbra, Almedina, 2002.

Bailey, Dan, *vide* Knepper, William.

Balotti, R. Franklin, e Finkelstein, Jesse, *The Delaware law of corporations and business organizations*, in Westlaw, 1988.

Brito, Maria Helena, *A representação nos contratos internacionais – um contributo para o estudo do princípio da coerência em direito internacional privado*, Coimbra, Almedina, 1999.

Brodsky, Edward, e Adamski, M. Patricia, *Law of corporate officers and directors: rights, duties and liabilities*, in Westlaw, 2003.

Brudney, Victor, e Clark, Robert Charles, "A new look at corporate opportunities", *Harvard Law Review*, 1981, pp. 997-1062.

Campos, Diogo Leite de, *vide* Tomé, Maria João Vaz.

Clark, Robert Charles, *Corporate Law*, Boston, Toronto, Little & Brown, 1986.

Idem, *vide* Brudney, Victor.

Cordeiro, António Menezes, *Da boa fé no direito civil*, Coimbra, Almedina, 1997.

Idem, *Da responsabilidade civil dos administradores das sociedades comerciais*, Lisboa, Lex, 1997.
Idem, *Tratado de direito civil português*, I, tomo I, Coimbra, Almedina, 2000.
Idem, *Manual de direito comercial*, II, Coimbra, Almedina, 2001.
Idem, *Manual de direito das sociedades*, I, Coimbra, Almedina, 2004.
Davies, Paul, *Gower and Davies` principles of modern company law*, London, Sweet & Maxwell, 2003.
Easterbrook, Frank, e Fischel, Daniel, "Contract and fiduciary duty", *The Journal of Law and Economics*, 1993, pp. 425-446.
Eisenberg, Melvin A., "Obblighi e responsabilità degli amministratori e dei funzionari delle società nel diritto americano", *Giurisprudenza Commerciale*, I, 1992, pp. 617-636.
Idem, "An overview of the Principles of Corporate Governance", *The Business Lawyer*, 1993, pp. 1271-1296.
Faria, Jorge Ribeiro de, *Direito das obrigações*, II, Coimbra, Almedina, 2001.
Fernandes, Luís Carvalho, *Estudos sobre a simulação*, Lisboa, Quid Juris, 2004.
Finkelstein, Jesse, *vide* Balotti, R. Franklin.
Fischel, Daniel, *vide* Easterbrook, Frank.
Frada, Manuel Carneiro da, *Contrato e deveres de protecção*, Coimbra, Almedina, 1994.
Idem, *Teoria da confiança e responsabilidade civil*, Coimbra, Almedina, 2004.
França, Maria Augusta, *A estrutura das sociedades anónimas em relação de grupo*, Lisboa, AAFDL, 1990.
Frankel, Tamar, "Fiduciary duties", *The New Palgrave Dictionary of Economics and the Law*, New York, Stockton Press, 1998, pp. 127-132.
Hefermehl, Wolfgang, *Aktiengesetz*, II, München, Franz Vahlen, 1974, §§ 88 e 93.
Henn, Harry, e Alexander, John, *Laws of corporations and other business enterprises*, St. Paul, West Publishing, 1983.
Hopt, Klaus, "Self-dealing and use of corporate opportunity and information: regulating directors` conflicts of interest", *Corporate governance and directors` liabilities*, Berlin, New York, Walter de Gruyter, 1985, pp. 285-326.
Idem, "Die Haftung von Vorstand und Aufsichtsrat – Zugleich ein Beitrag zur corporate governance-Debatte", *Festschrift für Ernst-Joachim Mestmäcker*, Baden-Baden, Nomos, 1996, pp. 909-931.
Idem, *Grosskommentar zum Aktiengesetz*, Berlin, New York, Walter de Gruyter, 1999, § 93.
Idem, "Interessenwahrung und Interessenkonflikte im Aktien-, Bank- und Berufsrecht", *Zeitschrift für Unternehmens- und Gesellschaftsrecht*, 2004, pp. 3-52.
Hüffer, Uwe, *Aktiengesetz*, München, Beck, 2002.
Knepper, William, e Bailey, Dan, *Liability of corporate officers and directors*, Charlottesville, Lexis, 1998.

Kübler, Friedrich, "Erwerbschancen und Organpflichten – Überlegungen zur Entwicklung der Lehre von den "corporate opportunities"", *Festschrift für Winfried Werner*, Berlin, New York, Walter de Gruyter, 1984, pp. 437-448.
Idem, *Gesellschaftsrecht*, Heidelberg, Müller, 1999.
Kübler, Friedrich, e Waltermann, Jens, "Geschäftschancen der Kommanditgesellschaft", *Zeitschrift für Unternehmens- und Gesellschaftsrecht*, 1991, pp. 162-174.
Leitão, Luís Menezes, *A responsabilidade do gestor perante o dono do negócio no direito civil português*, Lisboa, Centro de Estudos Fiscais, 1991.
Idem, *Direito das obrigações*, II, Coimbra, Almedina, 2000.
Machado, João Baptista, "Tutela da confiança e "venire contra factum proprium"", *Obra dispersa*, I, Braga, Scientia Iuridica, 1991, pp. 345-423.
Maia, Pedro, *vide* Serens, M. Nogueira.
Idem, *Função e funcionamento do conselho de administração da sociedade anónima*, Coimbra, Coimbra Editora, 2002.
Martins, Alexandre Soveral, "O exercício de actividades concorrentes pelos gerentes de sociedades por quotas", *Boletim da Faculdade de Direito*, 1996, pp. 315-343.
Merkt, Hanno, "Unternehmensleitung und Interessenkollision", *Zeitschrift für das gesamte Handelsrecht und Wirtschaftsrecht*, 1995, pp. 423-453.
Mertens, Hans-Joachim, *Kölner Kommentar zum Aktiengesetz*, II, Köln, Berlin, Bonn, München, Carl Heymanns, 1996, §§ 88 e 93.
Nunes, Pedro Caetano, *Responsabilidade civil dos administradores perante os accionistas*, Coimbra, Almedina, 2001.
Paefgen, Walter, *Unternehmerische Entscheidungen und Rechtsbindung der Organe in der AG*, Köln, Otto Schmidt, 2002.
Pinto, Carlos Mota, *Cessão da posição contratual*, Coimbra, Almedina, 2003.
Polley, Notkar, *Wettbewerbsverbot und Geschäftschancenlehre: eine Untersuchung am Beispiel der Geschäftsleitung von US-Corporation und deutscher GmbH.*, Baden-Baden, Nomos, 1992.
Ramos, Maria Elisabete Gomes, *Responsabilidade civil dos administradores e directores de sociedades anónimas perante os credores sociais*, Coimbra, Coimbra Editora, 2002.
Reinhardt, Andreas, *Interessenkonflikte bei der privaten Wahrnehmung von Geschäftschancen im US-amerikanischen und deutschen Gesellschaftsrecht*, Frankfurt am Main, Berlin, Bern, New York, Paris, Wien, Peter Lang, 1994.
Reynolds, F. M., *Bowstead and Reynolds on agency*, London, Sweet & Maxwell, 1996.
Rodrigues, Ilídio Duarte, *A administração das sociedades por quotas e anónimas – organização e estatuto dos administradores*, Lisboa, Petrony, 1990.
Romano, Roberta, "Comment on Easterbrook and Fischel "contract and fiduciary duty"", *The Journal of Law and Economics*, 1993, pp. 447-451.

San Pedro, Luis Velasco, "O governo das sociedades cotadas (corporate governance) em Espanha: o relatório Olivencia", *Boletim da Faculdade de Direito*, 1999, pp. 279-314.

Schiessl, Maximilian, "Die Wahrnehmung von Geschäftschancen der GmbH durch ihren Geschäftsführer", *GmbH Rundschau*, 1988, pp. 53-56.

Schlosser, Lothar, *Die Organhaftung der Vorstandsmitglieder der Aktiengesellschaft*, Wien, Manz, 2002.

Schmidt, Karsten, *Gesellschaftsrecht*, Köln, Berlin, Bonn, München, Carl Heymanns, 2002.

Serens, M. Nogueira, e Maia, Pedro, "O art. 428.°, n.° 1 e 2 do Código das Sociedades Comerciais – análise da sua natureza jurídica", *Revista da Banca*, 1996, pp. 27-73.

Serens, M. Nogueira, *Notas sobre a sociedade anónima*, Coimbra, Coimbra Editora, 1997.

Silva, João Soares da, "Responsabilidade civil dos administradores de sociedades: os deveres gerais e os princípios da "corporate governance"", *Revista da Ordem dos Advogados*, 1997, pp. 605-628.

Small, Marshall L., "Conflicts of interests and the ALI corporate governance project – a reporter`s perspective", *The Business Lawyer*, 1993, pp. 1377-1392.

Thümmel, Roderich, *Persönliche Haftung von Managern und Aufsichtsräten*, Stuttgart, München, Hannover, Berlin, Weimar, Dresden, Richard Boorberg, 2003.

Timm, Wolfram, "Wettbewerbsverbot und "Geschäftschancen" – Lehre im Recht der GmbH", *GmbH Rundschau*, 1981, pp. 177-186.

Tomé, Maria João Vaz, e Campos, Diogo Leite de, *A propriedade fiduciária (trust) – estudo para a sua consagração no direito português*, Coimbra, Almedina, 1999.

Varela, João Antunes, *Das obrigações em geral*, I, Coimbra, Almedina, 1991.

Idem, *Das obrigações em geral*, II, Coimbra, Almedina, 1995.

Vasconcelos, Pedro Pais de, *Contratos atípicos*, Coimbra, Almedina, 1995.

Ventura, Raul, *Sociedades por quotas*, III, Coimbra, Almedina, 1991.

Idem, *Novos estudos sobre sociedades anónimas e sociedades em nome colectivo*, Coimbra, Almedina, 1994.

Waltermann, Jens, *vide* Kübler, Friedrich.

Weisser, Johannes, *Corporate opportunities: zum Schutz der Geschäftschancen des Unternehmens im deutschen und im US-amerikanischen Recht*, Köln, Berlin, Bonn, München, Carl Heymanns, 1991.

Idem, "Wahrnehmung von Geschäftschancen des Unternehmens durch Alleingesellschafter-Geschäftsführer als verdeckte Gewinnausschüttungen?", *GmbH Rundschau*, 1997, pp. 429-434.

Wiesner, Georg, *Münchener Handbuch des Gesellschaftsrechts*, IV, München, Beck, 1999.

III
ÍNDICE

I. SENTENÇA DA 3.ª VARA CÍVEL DE LISBOA DE 27.10.2003
   – DEVER DE GESTÃO E *BUSINESS JUDGMENT RULE* 7

II. CONCORRÊNCIA E OPORTUNIDADES DE NEGÓCIO
    SOCIETÁRIAS – ESTUDO COMPARATIVO SOBRE O DEVER
    DE LEALDADE DOS ADMINISTRADORES DE SOCIEDADES
    ANÓNIMAS 45

   1. Introdução 47

   2. Direito norte-americano.. 51
      2.1. Dever de lealdade e *equity*.. 51
      2.2. Dever de não concorrência e dever de não apropriação de oportunidades de negócio societárias 54
           2.2.1. Na jurisprudência e na doutrina 54
           2.2.2. Nos *Principles of Corporate Governance*....................... 60
      2.3. Consentimento 67
      2.4. Consequências jurídicas... 71

   3. Direito alemão 73
      3.1. Dever de lealdade e boa fé 73
      3.2. Dever de não concorrência e dever de não apropriação de oportunidades de negócio societárias 74
           3.2.1. Dever de não concorrência... 75
           3.2.2. Dever de não apropriação de oportunidades de negócio societárias 77
           3.2.3. Distinção entre os deveres............................. 82
      3.3. Consentimento 83
      3.4. Consequências jurídicas... 84

   4. Direito português 87
      4.1. Dever de lealdade e boa fé 87
      4.2. Dever de não concorrência e dever de não apropriação de oportunidades de negócio societárias 92
           4.2.1. Dever de não concorrência dos administradores de sociedades anónimas com estrutura monista............................ 92

  4.2.2. Dever de não concorrência dos directores de sociedades anónimas com estrutura dualista 96
  4.2.3. Dever de não apropriação de oportunidades de negócio societárias 100
  4.2.4. Distinção entre os deveres 106
 4.3. Consentimento 107
 4.4. Consequências jurídicas.. 110

5. Síntese comparativa 113
 5.1. Base jurídica 113
 5.2. Elementos.. 113
 5.3. Consentimento 115
 5.4. Consequências jurídicas.. 116
 5.5. Apreciação final.. 117

6. Bibliografia 119

III. ÍNDICE 123